深圳经济特区建立45周年系列丛书

中国式现代化的深圳实践

民生幸福

本书编写组
—编—

新 华 出 版 社

图书在版编目（CIP）数据

中国式现代化的深圳实践．民生幸福 /《中国式现代化的深圳实践》编写组编
北京：新华出版社，2025. 7
（中国式现代化的深圳实践：深圳经济特区建立 45 周年系列丛书）
ISBN 978-7-5166-8124-4

Ⅰ．D676.53； D632.1

中国国家版本馆 CIP 数据核字第 2025MD2175 号

中国式现代化的深圳实践·民生幸福

编　　者：《中国式现代化的深圳实践》编写组

出 版 人：	匡乐成	**出版统筹：**	王永霞
责任编辑：	刘　芳	**编　　务：**	孟子涵
统筹执行：	祝玉婷	**责任校对：**	刘保利
责任印制：	周瑞朋	**封面设计：**	今亮后声

出版发行：新华出版社有限责任公司

（北京市石景山区京原路 8 号　邮编：100040）

印刷：河北鑫兆源印刷有限公司

成品尺寸：170mm × 240mm　1/16　　**印张：**15.25　　**字数：**210 千字
版次：2025 年 8 月第 1 版　　**印次：**2025 年 8 月第 1 次印刷
书号：ISBN 978-7-5166-8124-4　　**定价：**86.00 元

《中国式现代化的深圳实践》
丛书编写组

主　　　编：陈凯星

副 主 编：周建伟　张朝祥　肖文峰　王　攀

编写组主任：周　科　周　强　肖思思　詹奕嘉

编写组成员：孙　飞　白　瑜　毛思倩　李晓玲
赵瑞希　梁　旭　王　丰　陈宇轩
梁希之　印　朋　卫韦华　李思佳

总 序

四十五载春风浩荡，深圳湾畔沧海桑田。在这风云际会之地，改革惊雷滚过南海，开放大潮回荡神州。

今朝回望，四十五载春秋在岁月长卷中镌刻下的，是一部中华民族于封闭中闯出生路、在追赶中走向引领的史诗篇章。

这诗行间，激荡的是向海而生、踏浪而立的拓荒胆识，是顶破冻土、向阳而生的特区精魂。此刻，我们以这套沉甸甸的丛书，为深圳经济特区建立45周年铭刻时光的印记，更为向新时代的壮阔征程庄严献礼。

特区之“特”，首在于“闯”的勇毅。蛇口开山的炮火轰鸣，是决心撕碎陈旧之幕的宣告；土地拍卖的第一槌声响，如利斧劈开痼疾坚冰；市场经济前路上步步探索，为华夏大地探明了崭新的航标。每一次“首战”的背后，都是一批又一批特区“拓荒牛”以汗水灌沃、信念浇筑的坚韧脊梁。

“深圳等经济特区的成功实践充分证明，党中央关于兴办经济特区的战略决策是完全正确的。经济特区不仅要继续办下去，而且要办得更好、办得水平更高。”深圳经济特区“奇迹”的内核，正在于那生生不息的“敢闯敢试、敢为人先、埋头苦干”精神。它早已融入城市的脉搏深处，成为最鲜明的标识，最强劲的动力——那是风雨砥砺出的筋骨，是惊涛磨砺出的魂魄。

如今，深圳全力谱写的发展新篇中，新时代深圳经济特区、新征程中国特色社会主义先行示范区、粤港澳大湾区中心城市和核心引擎之一建设不断取得新成效，前海深港现代服务业合作区、河套深港科技创新合作区、广东自贸区前海蛇口片区等重大平台建设如火如荼，何尝不是新时代“拓荒牛”精神的再度起航？改革的锋刃又一次劈开前路荆棘，创新的星辰又一次在时代夜空熠熠闪耀。

特区之“新”，贵在于“进”的无畏。2019年《中共中央 国务院关于支持深圳建设中国特色社会主义先行示范区的意见》赋予深圳“五大战略定位”，这是新时代党中央赋予特区新的恢宏使命。

六载奋斗，前海的“特区中的特区”制度创新如新竹破土，河套深港科技创新合作区创新链与产业链交融缠绕，战略性新兴产业和未来产业集群拔节生长为强韧经济筋骨，一流的市场化法治化国际化营商环境如同丰沃土壤滋养万千企业之林。《深圳经济特区数据条例》等突破性立法，如经纬之线织就了“法治城市示范”的牢固之网；深入实施的“民生七有”工程，正努力雕刻着“民生幸福标杆”的动人容颜；红树林湿地修复、蓝绿交融的公园城市画卷徐徐铺展，绘就“可持续发展先锋”的生态丹青……深圳，正以中国式现代化建设的先行探索，在时代答卷上奋力留下深刻的深圳印记。每一步坚实的攀登，都在兑现“走在前列、勇当尖兵”的庄严目标，每一步智慧的跋涉，皆是在用实践回应人民群众最关切、最深沉的期盼。

特区之“兴”，力聚于“心”的共振。回望峥嵘来时路，每一个伟大成就都是在党和国家的掌舵领航、都是在广大建设者前赴后继中诞生的。从“时间就是金钱，效率就是生命”的春雷醒世，到如今“创新驱动发展”的鹏城澎湃，精神的火炬在数代人之间接续传递。新时代的建设者依然步伐铿锵——实验室里追寻科学奥秘的目光是那般执着，流水线上精雕细琢的匠心是如此专注，写字楼键盘敲击下的智慧如同星辰闪耀，街头巷尾那奔波忙碌的身影凝聚着无数个家庭的憧憬。他们的汗水浇灌着创新的种子，他们的足迹交织出繁荣的图谱，他们的奋斗共同奏响了这座城市最雄浑壮丽的交响乐章。

未来之光，其芒闪耀。在中国式现代化伟大实践中，深圳肩负的使命如星辰般璀璨，责任如山岳般厚重。面向“建设更具全球影响力的经济中心城市和现代化国际大都市”的战略目标，一条光荣与挑战并存的前进征途正在前方。

展望未来，深圳要在高新技术更迭的前沿挺起中国制造的硬朗脊梁，在规则衔接与机制对接的关键处为大湾区融通撬动智慧杠杆，在治理效能与文明风尚的高度上为城市筑就新时代的精神高地。

蓝图已谱就，冲锋号角响彻云霄：深圳需保持“闯”的锐利锋芒，敢涉最深之水；激发“创”的不竭动力，勇攀最高之峰；秉持“干”的坚毅信念，锚定方向绝不停滞。

四十五载风雨兼程，深圳的故事从未缺少记录者。作为国家通讯社，新华社始终以镜头为眼、以笔为媒，与这座城市同频共振。从1980年蛇口工业区破土动工时“开山第一炮”的现场传真，到1992年“东方风来满眼春”的全文转发；从21世纪之初“深圳速度”向“深圳质量”转型的系列调研，到2019年先行示范区建设启动以来“高质量发展高地”“法治城市示范”等主题的专题报道，新华社用45年的持续关注，为深圳留存了一份珍贵的“成长影像”。一篇篇报道、一组组镜头，不仅记录着深圳“杀出一条血路”的勇气，更将“特区精神”传播至大江南北，为全国改革开放注入强劲舆论动力。

今天，这套丛书的编纂，正是新华社对深圳发展“长期关注、充分报道、及时总结”的延续与升华。从早期“三天一层楼”的速度传奇到如今战略性新兴产业和未来产业集群的创新突破；从“时间就是金钱，效率就是生命”的时代口号到“民生七有”工程的温暖实践；从土地拍卖“第一槌”的制度破冰到数据条例“先行先试”的法治探索——每一组文图、每一段文字，都是新华社与深圳共同书写的“改革史记”，既是对过往的深情回望，更是对未来的庄严承诺：记录时代，我们永远在场；传播经验，我们责无旁贷。

四十五载风华，于人的生命已临成熟丰饶之时，然而于一座始终焕发创新活力、奋斗伟力的城市而言，却正是青春鼎盛、风华正茂。这套丛书里墨香的流淌、图画的定格，正是这座伟大城市成长足迹的忠实写照，是四十五载特区精神光芒汇聚的不熄灯塔。我们有理由相信，一个更深植改革基因、广纳天下英才、永葆为民初心的深圳，定能在中国式现代化的辽阔征程中，书写更为壮丽磅礴的时代诗篇。

晨曦微露时追光，惊涛骇浪里弄潮，勇立潮头的征程永远在前方召唤深圳力量！

让我们满怀期待！

是为序。

引 言

当人工智能技术走进课堂，让数学知识“跳”出课本化作孩子们眼中的奇妙探索；当应届毕业生通过“人才引进入户一件事”服务，半小时在线完成落户办理；当老年人在完成适老化改造的设施中锻炼身体……这座被称为“鹏城”的城市，正以45年的时光为纸、以千万建设者的汗水为墨，书写着中国式现代化生动的民生篇章。

从1980年那个春天开始，45年间，深圳从落后的边陲小镇发展为国际化大都市，不仅创造了工业化、城市化、现代化的辉煌成就，更以“敢为天下先”的改革勇气，将民生幸福镌刻在城市发展的基因里。本书《中国式现代化的深圳实践·民生幸福》，正是对这段波澜壮阔历程的温情回望与深刻注解。

1980年的深圳，还是一片滩涂与农田交织的土地。“三天一层楼”的国贸速度，曾是这座城市最初的注脚——当工业化的齿轮飞速转动，当深圳制造走向深圳智造，人们始终清醒：经济腾飞的终极意义，在于让每个奋斗者共享发展的阳光。45年来，“幼有善育、学有优教、劳有厚得、病有良医、老有颐养、住有宜居、弱有众扶”的民生蓝图，在鹏城大地上一步步化为现实。

深圳的特别之处，在于它始终将改革作为民生改善的金钥匙。当全国在探索义务教育均衡发展时，深圳率先推行“每天一节体育课”，“每周半天计划”让孩子们走进世界去探索未来；当老龄化社会悄然到来，这座年轻的城市已忙着“备老”，社区适老化改造和机器人养老织就银发安全网；当带娃难成为都市通病，“老幼共托”新模式、超5万个托位建设让年轻父母轻装上阵。这座以速度著称的城市，正用柔软的笔触，描绘着城市温度的细腻肌理。

健康是幸福之源，改革是破解难题的利刃。从国内首部《全科医生管理办法》打破“唯手术论英雄”的桎梏，到“罗湖医改”模式让居民签约家庭医生覆盖率不断提升；从《深圳经济特区医疗条例》为医患纠纷划出法治底线，到“26条”政策支持外商独资医院带来国际诊疗标准……深圳的医疗改革，始终以“病有良医”为靶心。深圳还探索出“智慧养老+整合照护”的组合拳，让老年人群体在社区就能享受智能监测、上门护理的温暖服务。这些努力背后，是城市对生命质量的极致追求。

宜居是民生之要，创新是破解瓶颈的密码。面对寸土寸金的发展困境，深圳以制度创新打开空间：人才引进入户全流程网上办理，最快半小时完成；率先将“夹心层”和人才群体纳入住房保障范围，让住有宜居从梦想照进现实；“AI数智员工”几分钟取代几小时的政务服务，让数据多跑路，让群众少跑腿。在“硅谷之芯”深圳湾，曾经的污染河流变身生态廊道；在福田红树林湿地，黑脸琵鹭与城市天际线和谐共处——双碳目标下的柔性治理，让人与自然和谐共生成为城市新名片。这些故事，正是这座城市用科技赋能民生的生动缩影。

包容是城市之魂，兜底是民生安全的底线。深圳从不吝啬对弱势群体的拥抱：“喜憨儿洗车中心”为心智障碍者打造“梦想庄园”，AI技术照亮孤独症康复之路，让“来自星星的孩子”融入世界，当“附近的工作”小程序上线超2万个岗位，当“AI夜校”为女工书写新的职业叙事，当工会多举措解决劳动者急难愁盼，这座移民城市正以“弱有众扶”的实践，诠释着共同富裕的深刻内涵。这其中藏着深圳最珍贵的城市品格——包容。

45年风雨兼程，深圳早已超越“经济特区”的单一标签，成为观察中国改革开放和民生发展的立体标本。它是一把标尺，丈量着改革不停顿、开放不止步的承诺如何掷地有声；它更是一扇窗口，让世界看到中国式现代化不是冰冷的数字增长，而是有温度、有质感、可感知的民生改善。

这部书的独特价值，在于它没有停留在宏观叙事，而是用具体可感的细节，用喜憨儿洗车工们这些鲜活的人物，展现了深圳的民生实践。

站在45周年的历史节点回望，深圳的故事告诉我们：中国式现代化的本质，是人的现代化。从速度深圳到温度深圳，这座城市用45年实践证明：改革是手段，发展是路径，民生幸福才是最终目的。当清晨的阳光洒在莲花山公园，晨练的老人、嬉戏的孩子、赶早班的年轻人共享这片天地——这便是深圳对美好生活最生动的诠释，也是中国式现代化最温暖的注脚。

愿这部书能让读者感受到：在深圳，每一份民生的进步都值得被铭记，每一个奋斗的身影都闪耀着光芒。因为这里不仅有高楼大厦的天际线，更有人间烟火的温度；不仅有改革创新的锐气，更有枝叶关情的初心。鹏城展翅再出发，民生幸福的故事，正在续写新的篇章。

目　录

CONTENTS

第二章　健康中国的深圳实践

第三章　打造有获得感的城市

第四章　织密民生保障底线

第一章

点亮教育未来

教育是民生之本，创新是深圳之魂。作为改革开放的前沿阵地，深圳始终将教育摆在优先发展的战略位置，以创新思维重塑教育生态。从智慧课堂到多元课程体系，从均衡资源分配到高素质教师队伍建设，深圳正以科技赋能教育，打破传统边界，为每一个孩子提供公平而有质量的教育机会。在这里，教育不仅是知识的传递，更是未来竞争力的培育。深圳的教育创新实践，正为中国式现代化书写生动注脚。

01 深圳学校有了“每周半天计划”

2025 年是深圳经济特区建立 45 周年。这座因改革而生、因创新而兴的城市，在全国率先推出“每周半天计划”，在不减少学科课时的前提下，通过单双周轮换安排半天校外实践或半天沉浸阅读，为义务教育阶段学生打开了世界大课堂。这场跨学科多元教育探索的背后，是对智能时代“培养什么人、怎样培养人”这一根本问题的回应——当传统课堂的四壁被打破，教育正在从“固化知识灌输”向“核心素养培育”发生深层转向。

理念跃迁：从课时调整到生态重构

深圳市罗湖区梅园实验学校的一间英语课堂摇身一变成为星光熠熠的 T 台——一场以“气候随行百变衣”为主题的儿童创意时装秀在此精彩上演。这场别开生面的教学活动，将环保理念、英语表达与服装设

2023 年 4 月 8 日，粤港澳大湾区花展在深圳仙湖植物园开幕。一名小朋友在花展现场写生。新华社记者梁旭摄

计巧妙融合。

活动现场，小设计师们身着自制时装自信走秀，有的制作用几何图形拼接成的“未来可衣”马甲；有的制作未来感十足的连衣裙，用多种环保面料缝制的裙摆格外醒目；有的设计“四季变装外套”，通过魔术贴拼接的可拆卸内胆，能在 30 秒内完成从夏季短袖到冬季棉服的变身，生动展现气候适应性主题。

罗湖未来学校的学生们走进仙湖植物园，开启一场融合科技与自然的跨学科探索之旅。同学们手持 AI 识物相机与任务清单，在热带雨林温室与蕨类植物区展开“寻宝”行动，通过沉浸式观察、互动式学习，将生物多样性知识与数字化工具应用深度结合，成为深圳“每周半天计划”中实践育人的生动注脚。

“快看！这是桫椤，国家一级保护植物！”三年级的李明（化名）举起平板对准一株羽状叶片植物，AI 识物系统瞬间弹出物种信息卡。在仙湖植物园科普导师的带领下，同学们沿着“蕨类植物演化之路”主题路线，对照学校设计的《植物王国探秘任务单》展开系统调研。任务单整合了生物（植物分类）、数学（种群数量统计）、美术（科学插画）等多学科任务，要求学生在 3 小时内完成 5 种珍稀植物的“身份认证”与生态环境记录。

深圳市罗湖区教育局党组书记、局长高延勇表示，罗湖区探索 1 + 3 + N 的新质课堂，融合物理空间、数字空间、虚拟空间，通过集体授课、分组写作、创作展示等多元形式，让知识在真实与虚拟的交互中自然生长。

实践拓展：真实场景中的跨学科生长

深圳“每周半天计划”倡导把世界当成教材，让学生走出教室去阅读、去实践，变换的不只是“教学场景”更是“教育理念”和“教育生态”。

新课程方案要求，各门课程用不少于 10% 的课时开展综合性的跨学科主题学习，如何开展“跨学科”也成了学校力推新课改、落实“双减”的重要抓手之一，而“每周半天计划”犹如一剂催化剂，让“跨学科”有了自由生长的场域。

在南山实验教育集团麒麟第二中学，8 年级学生李晓芸的购物车成了“移动数学实验室”。她左手拿着“鸡胸肉 37.5 元、芹菜 11.8 元”的购物单据，右手在草稿纸上演算“满 58 减 5 元，5 张优惠券最优拆单方案”，最终以 448.7 元完成 450 元采购任务。“比课本上的打折公式更具体也更有趣！”这种将数学建模、营养学知识与生活技能结合的学习，让抽象概念有了温度。

这是深圳市南山实验教育集团麒麟第二中学的暑假活动，只是课堂没有桌椅，收银台的扫码声替代了上课铃。学生们迅速记录着沾着泥点的小黄姜在电子秤上的跳动数字。当不少同龄小伙伴还在题海中背诵打折公式时，这群少年正用冻鸡胸的重量验证有关打折销售的数学问题。

超市之外，西丽农业基地的鱼塘附近正上演别样课堂。一位同学手持的鱼竿猛地弯成弧线。“老师快看！这就是费力杠杆！”科学老师快步上前，就着绷紧的尼龙线画起受力图，动力臂和阻力臂等物理知识，孩子们“秒懂”。

“当知识带着泥土气息和生活温度，学习就成了主动探索。”深圳市南山实验教育集团麒麟第二中学校长陈明煜告诉记者，不少初中同学认为杠杆原理和受力分析的知识点不好掌握，我们就带着学生在钓鱼中学习杠杆原理，同学们学习兴趣高涨，真正从“要我学”变成“我要学”。通过各种方式、方法，让学生喜爱上这些课程，将其当作他们终生追求的目标。

野炊区升腾的烟火中，不锈钢汤锅中同样进行着生动的相变教学。“白雾不是水蒸气！”“看，气态变液态需要遇冷。”锅盖内侧凝结的水珠坠入火堆时嘶响，孩子们一起做饭，一起分享着一天的学习收获，“我们的课堂，连知识都带着香”。

教育革新的三维度突破

作为“每天一节体育课”后的又一重磅举措，深圳市教育局“每周半天计划”与国家义务教育新课程方案中“不少于10%课时用于跨学科主题学习”的要求深度衔接，更通过制度创新将政策文本转化为生动教育实践。

这场从“半天”中发力的教育革命，正在重塑城市与学校的关系、知识与生活的边界、今天与未来的连接。通过深圳校外教育平台的数字化赋能，实现基地预约、课程开发、资源共享的一站式管理。平台首批上线的校外教学基地，涵盖高校实验室、科技馆、企业研发中心等多元场景，形成“政府统筹+市场参与+学校自主”的协同机制。

在深圳市委教育工委书记、市教育局党组书记、局长郑秀玉看来，深圳“每周半天计划”的核心突破，在于构建了“以世界为教材”的育人新范式：“校外课程的本质是破解教育的‘双重异化’——学生被固化的知识体系异化，教师被应试导向的评价体系异化，在教育创新中进行三个维度的突破，即从内容设计、教材章节转向真实问题，实施路径从教师主导转向兴趣驱动，评价体系从分数唯一转向成长图谱。”

深圳市教育科学研究院副院长潘希武认为，“每周半天计划”课程开发与实施，课程开发理念在于校外课程旨在破解当前教育中存在的学生身心健康、学业负担等问题，通过实践育人培养学生好奇心与批判性思维等核心素养。校外课程需突破传统知识传授范式，转向基于具身体验的建构式学习，建立“具体感知—抽象认知”的思维发展路径，实现理性思维与感性体验的深度融合。在此过程中创新课程开发模式，构建兴趣驱动学习生态，重塑课程评价体系。

针对基地课程化如何适配学生认知，如何提升教师跨学科素养等问题，深圳市开展多轮培训研讨，开发符合学生认知规律的基地课程并提升教师跨学科教学能力，积极打造“校内校外一体、线上线下联动、政企社校协同”的立德树人新模式。2024年试点以来，参与学校近300所，开发校外教育基地 863 个，开展阅读课、校外课超 5000 课时，参与学生超 54 万人次。

“每周半天计划不是课时的简单拆分，而是秉持‘以万物为教材、把世界做课堂’的教育理念，通过空间重构、资源重组、机制重塑，让教育回归知行合一的本质，让学生在真实世界的复杂问题中发展核心素养。当教育敢于打破围墙，社会便成为滋养核心素养的活水源头；当学习真正联通世界，创新的种子才能在与未来的对话中落地生根。”郑秀玉说。

（白瑜）

02 每天一节体育课，这样上！

从 2024 年春季学期开始，深圳市正式实施义务教育阶段“每天一节体育课”，政策出台后引发了社会热议。开学已经一段时间，深圳中小学体育课上得怎么样？深圳如何破解运动场地的瓶颈？师资缺口怎样补上？学生家长反响如何？2024 年 3 月，记者赴深圳多所中小学校走访。

师资怎样补齐

在深圳市出台“每天一节体育课”政策后，华南师范大学体育科学学院教授李培曾估算，深圳市在不增加体育老师周课时的情况下，约有 4000 名体育教师的缺口。

记者在采访中发现，体育老师不足确实是开足开好每天一节体育课面临的首要问题，而各个学校可谓倾尽全力，“各显神通”。

春节前，深圳市罗湖区教育局赴武汉举行专场招聘会，在新学期开学

足球小将在运动场训练。受访者供图

前锁定了30名体育教师，他们已经走上罗湖区各个中小学操场。

罗湖区的翠园初中、锦田学校和滨河小学都是校园足球特色学校，校园足球开展得如火如荼，在“每天一节体育课”政策实施后，校园足球教练员也承担了不少任务，足球课普遍受到孩子们欢迎。

在部分学校，由减少了课时数的其他学科老师在经过培训后“客串”体育老师，却产生了意想不到的效果。

锦田教育集团总校长衷万明介绍，学校上学期末开了体育教学工作论证会，邀请教研员和体育专家制定课程纲要，按照“3 + 1 + 1”的模式，3节由专业体育教师上课，1节特色课和1节活动课。“特别是英语老师上双语的体育课，效果特别好，还融洽了师生关系，这是没想到的额外好处。”衷万明说。

深圳市教育局相关负责人表示，解决教师缺口问题，最重要的是加大招聘力度，还会通过增加购买服务，与社会俱乐部合作的形式引进优秀退役运动员到学校。此外，教育部门还通过与高校体育学院合作，引入更多毕业生到校实习、就业。

场地如何解决

事实上，在政策发布之前，深圳市已有部分学校实行了“每天一节体育课”，另外也有部分学校每周开展四节体育课，因此，新政下这些学校压力并不大。而对于原来每周三节体育课的学校，现在增加到每周五节体育课，特别是在土地资源稀缺的深圳，中小学校往往都十分“袖珍”，体育场地紧张尤为突出。

——上天入地，校园里的空间魔术。

深圳市南山外国语学校香山里小学正进行一堂足球课，一个足球场被挡板分割为 6 块迷你场地，一个班的学生被分成 6 个小组，每名学生都能进行有球对抗训练。而旁边的篮球场，一个场地装了 8 个篮球架，学生可以分成四组进行训练。

“这个就是我们把原来的场地进行了教育化的改造，这样学生就可以分组对抗，提高了场地利用率，也提升了体育课效果。”香山里小学校长王剑宜说。

盐田区云海学校依山而建，全校 45 个教室分布在有连廊的四栋楼里，为了方便孩子们运动，学校的操场设在 2 楼、3 楼之间，学生从最远的教室到操场只需 2 分钟，设在 3 层的篮球中心和 5 个离教室最近的篮球场课间全部开放，不同楼层的走廊里还设有 3 个跳绳中心，方便同学们随取随用。

学校虽小，社会很大

——向外拓展，校园“打开”围墙。

2023 年年底，在 2011 年深圳大运会的开幕式场地深圳湾体育场里

孩子们丰富多彩的体育课。受访者供图

举行了一场小学的运动会。

与深圳湾体育场一路之隔的南山外国语学校科苑小学可谓“近水楼台”，学校利用毗邻体育中心的优势，与场馆建立合作，将体育课延伸到校门之外。科苑小学校长李彬介绍，学校还与周边的高尔夫、赛艇、击剑等体育俱乐部建立合作，把体育课开到了学校之外。

——科技赋能，上课不再“摸鱼”。

学校开辟出的多功能体育运动场地。受访者供图

在香山里学校，记者观摩了一堂别开生面的“爬行课”。在体育馆里，体育教师带着学生们模仿各种动物的爬行。一堂课下来，学生满头大汗，运动手环监测实时心率显示，全班所有学生平均心率达到 142，运动密度达到 87%。心率指标不达标和超标的学生，也会显示在屏幕上，体育教师可以进行有针对性的指导和调整。

“过去有很多孩子在体育课上‘摸鱼’，现在我们通过科学的课程设计和科技手段，实现了小场地上的大密度，实现了高质量的体育课。”王剑宜说。

社会怎么评价

“我最喜欢的课就是体育课！”在学校采访中，这是几乎每个孩子的心声。

家长们也看到了孩子身上的变化。南山区初二学生家长周然告诉记者，新学期一周五节体育课内容非常丰富，两节常规体育课、一节形体课、一节跑步课和一节球类运动课。“总体效果很好，孩子要中考了，本身压力很大，现在每天保证有户外运动，看起来心情好很多。热烈支持这个政策，感谢有为政府的担当，希望真的继续下去！”

龙华区小学四年级学生家长李心虎说：“家长非常支持这个政策，建议学校也多组织一些体育比赛，更好激发孩子们的兴趣。”

南山区小学三年级学生家长彭思思说：“孩子很喜欢这个学期的体

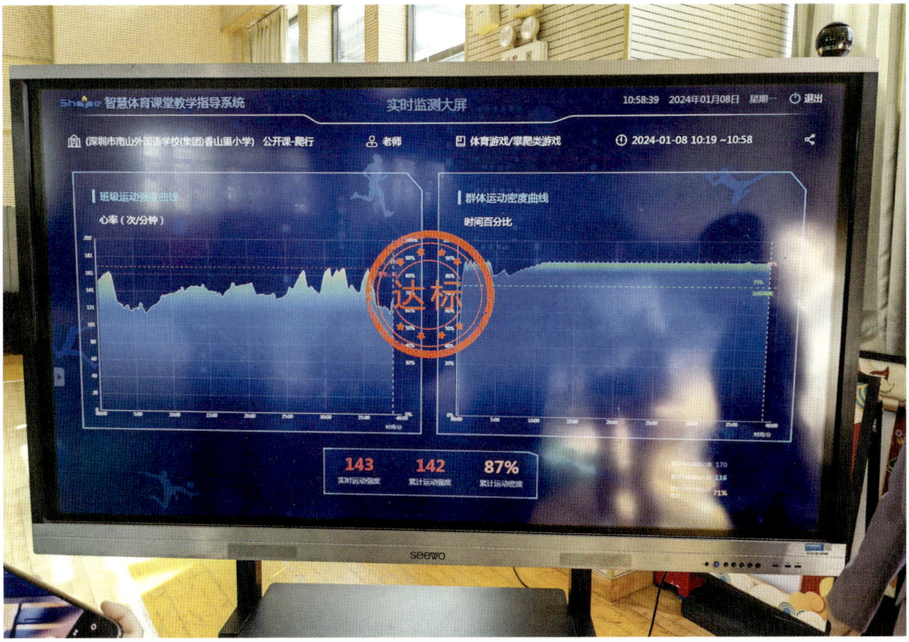

智慧体育课堂教学指导系统实时监测大屏。受访者供图

学生们的跳绳"泊车位"，下课后这里成为跳绳运动的欢乐海洋。受访者供图

育课。此外，白天的运动促进了孩子的睡眠质量，基本上五到十分钟就能完全入睡，醒后也没有疲倦感，之前孩子有轻微的脊柱侧弯，体育课增加后情况也得到了改善。"

数据会说话，云海学校两年前开始实行每周四节体育课，该校小学生《国家学生体质健康标准》优良率从 2021 年的 45.39% 提高到 2023 年的 64.96%。

在深圳中小学校的采访已经过去几天，然而，一个个健美飞驰的身影和一张张青春洋溢的笑脸，仍然不断地在记者的脑海中浮现——而这，不就是校园本应有的样子吗？

（王浩明、赵紫羽、白瑜）

03 上万中小学生摘掉“小眼镜”

深圳市教育局2025年2月发布的数据显示，自2024年1月1日起该市义务教育阶段“每天一节体育课”政策实施以来，深圳市中小学生国家学生体质健康测试优良率提高超过6%，近视率下降超1%。

“一升一降”背后，是数以万计的青少年体质进入优良行列，摘下小眼镜。“每天一节体育课”受到了学生和家长的欢迎，而面对师资、场地等难题，深圳如何做到把体育课开足、上好？这项政策能在全国推广吗？

“一升一降”背后 上万孩子摘掉“小眼镜”

深圳市教育局针对全市196万余名中小学生的国家学生体质健康测试数据显示，2024学年，该市中小学生体质健康优良率达66.46%，相比2023学年提升6.21%。此外，2024年深圳市儿童青少年总体近视率为

55.5%，较 2023 年下降 1.2%。

“看了数据，我对‘每天一节体育课’的实施更有底气了，一年实践证明，我们做对了。”深圳市教育局局长郑秀玉说。

在深圳将近 200 万中小学生的基数下，6% 的体质健康测试率的提高，意味着近 12 万中小学生体质进入“优良”行列；1.2% 的近视率下降，意味着超过 2 万中小学生可以摘下“小眼镜”。

“每天一节体育课”的做法，受到了深圳学生和家长的普遍欢迎。“我

2024 年 12 月 23 日，深圳大学附属中学初中部的学生在体育课上练习英歌舞。新华社记者梁旭摄

2024 年 12 月 23 日，深圳大学附属中学初中部的学生在体育课上学习舞龙。新华社记者梁旭摄

最喜欢的课就是体育课！”这是孩子们的心声。而家长们认为，孩子们得到提升的不仅仅是身体素质，还收获了快乐和自信心。

“现在学校体育课每天都有，每周还增加了一门咏春特色课，感觉孩子体质明显好了，而且开心了很多。”南山区一所中学初一学生家长陈泽恒说。

师资、场地、课程质量 三大难题如何破解？

在这么短的时间内推进“每天一节体育课”，必然会面临诸多难题，师资和场地问题首当其冲，而如果体育课的质量不能保证，政策的效果无疑将大打折扣。

仙田外国语学校的学生正在上体育课。受访者供图

——体育老师不够怎么办？

“每天一节体育课”增加大量课时，体育教师缺口大，深圳启动紧急招聘，在一年内中小学新增约 2000 名体育教师，增幅达 25%。

“开始肯定会有一些非体育老师参与体育课的教学，在这个过渡时期，学校、教师、家长和学生都很包容。”深圳市教育局体卫艺处副处长魏新华说。

深圳龙岗仙田外国语学校书记吴红剑介绍，在刚刚实施“每天一节体育课”的过渡期间，学校曾经尝试让有意愿、有能力的英语老师带体育课，效果出人意料。

“懂体育的英语老师用双语教学上体育课，孩子和家长都挺愿意。”吴红剑说。

——体育场地不足怎么办?

深圳小学有着超过100年的历史，学校位于老城区，场地空间受限，实施“每天一节体育课”面临不小的挑战。学校范围内的空间已经“吃干榨净”，但还是不够，怎么办?

向外看！深圳小学挨着人民公园，人民公园里的场地足够学生活动，但公园和学校之间有一堵围墙，让学生从校门口出去绕到公园门口进去，既浪费时间，又存在安全问题。

深圳小学校长王海林介绍，在教育部门、学校和公园管理部门沟通下，人民公园的围墙给学校开了一扇门，“一下子就解决了场地问题”。

“每天一节体育课”实施后，深圳市教育局、深圳市文化广电旅游体育局等部门还积极和深圳市各区一起，在有条件的学校和社会场馆实施

深圳市南山外国语学校香山里小学的爬行课。受访者供图

仙田外国语学校的学生在上游泳课。受访者供图

“场馆双向开放”。上学时，社会场馆向学校开放；放学后，学校场馆向社会开放。既解决了学校体育场地不足的问题，也增加了市民在下班后和节假日运动场地的供给。

——体育课质量如何保证？

在采访中，记者发现，深圳不少学校在体育课程的编排上都下了功夫，让“每天一节体育课”不是简单重复。

作为一所九年一贯制学校，深圳龙岗仙田外国语学校的目标是通过“每天一节体育课”，让每一个学生在初三毕业时掌握一到两个体育特长。

“小学一二年级年龄小不适合搞专项，我们从小学三年级开始，开发了一些专项课程，包括游泳、田径、网球等。每个专项都设置了评级标准，根据学生的运动水平进行评级，孩子们学一个项目，一路‘打怪升级’，毕业时可能就是一把运动好手。”该校书记吴红剑说。

“每天一节体育课”能否全国推广？

深圳实施“每天一节体育课”政策后，不少地方也陆续跟进，比如最近北京市印发《关于进一步加强新时代中小学体育工作的若干措施》，要求小学和初中每天一节体育课，云南、安徽、天津等省市此前也出台了类似政策。

未来，“每天一节体育课”能否在全国推广，成为小学生和初中生的“标配”呢？

“完全可以，深圳的经验是不管怎样先动起来。”郑秀玉说。

郑秀玉表示，在当时出台政策的时候，想到一定会面临很大的困难和挑战，“深圳的使命就是先行示范，如果这项改革是正确的，那我们就要做，在做的过程中解决问题，而不是碰到困难和问题就退缩”。

2024 年 12 月 23 日，深圳大学附属中学初中部的学生在体育课上练习足球。新华社记者梁旭摄

对于师资问题，受访专家学者认为，体育教师师资的供应是充足的，体育专业的毕业生和退役运动员的数量庞大，最重要的是继续深入推进“体教融合”改革。

郑秀玉表示，在推进“每天一节体育课”的过程中，虽然场地和师资很重要，但更重要的是让学生在阳光下的操场上动起来。“哪怕没有专业体育老师教，但让孩子们能够晒晒太阳，见见阳光，蹦蹦跳跳，就能让更多的孩子健康和快乐起来。”她说。

（王攀、王浩明、白瑜）

04 班里来了一位“影子老师”

《中华人民共和国学前教育法》2025 年 6 月 1 日起正式施行。人们欣喜地看到，越来越多的特殊儿童正勇敢地踏入校园的大门，开启他们的求学生涯。而在这群孩子身边，出现了一道独特的身影——“影子老师”，他们默默陪伴着特殊儿童，引导他们融入普通校园生活。

影子老师：为特殊儿童架起通往普通教育环境的彩虹桥

在谢老师的手中，有一张表格，上面画着简笔画，代表“保持安静、手放好、脚并拢、看老师、排好队、积极参加活动……”特殊儿童萌萌每做对一个动作，都会得到一个星星。如果萌萌因为举手没有得到老师关注而情绪崩溃，谢老师会把她轻轻抱出教室，安抚好再回到孩子们中间。谢老师是一位影子老师，陪伴萌萌在学校上学。

影子老师又称为助理教师或资源教师，是专门辅助特殊儿童在普通学校适应学习生活的专业老师。因为跟随孩子，如影随形，故而得名。影子老师专门为有特殊教育需求的学生提供个性化支持，他们的工作主要在普通教育环境中进行，目的是帮助这些学生更好地融入学校生活，提升他们的学习、社交和自理能力：

在游戏活动中，影子老师们始终关注着特殊儿童的一举一动，萌萌不小心碰翻了同伴的积木后不知所措，小石头不想待在教室总想往出跑，乐乐上课时会冲到老师身边大喊大叫……影子老师或轻声鼓励，或示范引导，努力让这些孩子学会如何在课堂中与老师和同伴相处；

当特殊儿童因不适应规则或遭遇挫折而情绪崩溃时，影子老师便会立即变身“翻译官”和“情绪安抚专家”，告诉孩子规则是什么，蹲下来与孩子平视，用温暖的话语、轻柔的拥抱，帮助孩子平复情绪，让他们重新振作。

融合教育的“大融合观”

在深圳市彩田幼儿园园长刘蓓看来，影子老师是融合教育中的重要角色。他们的任务始于特殊儿童踏入校园的那一刻，从帮助孩子适应环境，引导他们参与游戏，到在孩子情绪波动时及时化解危机，每一个细节都倾注着他们的心血与关爱。

他们就像一道桥梁，一端连接着特殊儿童内心的世界，另一端连接着普通的集体生活，帮助孩子们一步一个脚印地走向融入的彼岸。

“在我们看来，这些特殊儿童淘气是好事，相比刚入园的课堂参与度低、不愿意互动来说，爱淘气捣蛋，呈现出孩子的天性，说明这些孩子进步了！他们融入了自然课堂的互动中，这是我们最高兴的事。”刘蓓的眼中闪着光。

这看似叛逆的浪花，恰是融入大海的第一声心跳。

作为深圳市首批融合教育试点园，深圳市彩田幼儿园关注孤独症、听障、行为障碍等特殊儿童的需要，打造融合资源教室，探索可供借鉴的融合教育经验。

据介绍，该幼儿园内融合教育经历了三个阶段，最早园内探索为特殊儿童配备一对一影子教师，后来发现效果不佳，特殊儿童只是在物理空间在课堂，但实际活动与班级隔离，可能也会耽误部分情况严重孩子的康复训练时机；后来探索一对三配备影子教师，效果也不是很理想；现在幼儿园内每个有特殊儿童的班级内再增加一位经验丰富的教师，每一位老师都在进行融合教育，在大融合观的理念下，以团队协作模式进行融合教育。

刘蓓感叹："现在我们提倡大融合观，融合不是让特殊孩子'镶'进普通课堂，而是让差异本身成为课堂的养分。"

探索融合教育的深度与温度

彩田幼儿园融合教育的案例，是深圳市融合教育探索不断走向深入的缩影。

深圳市教育局与深圳市残疾人联合会联合开展学前融合教育试点，由深圳市残疾人综合服务中心提供专业支持。深圳市残疾人综合服务中心融合教育部主任赖卓妮 2024 年走访深圳市 15 所融合教育试点幼儿园发现，普通幼儿园教师需要融合教育的技术支持。现在幼儿园入学分班都是随机盲选的，还有一些孩子是在入园后才被老师发现有孤独症、发育迟缓等问题。除了考验老师的专业素养，需要加强专业师资力量等社会系统的支持。

“根据市残联的统计，截至 2025 年 6 月，深圳全市接受残疾康复救助补贴的 6 岁以下儿童大约有 1.6 万人。我们这里只是一个很小的试验田，一个示范引领的窗口，更多的孩子其实都分散在全市各区幼儿园里，所以我们希望未来能把融合教育的工作拓展开来，帮助更多的特殊需要儿童，让这些孩子真正能够待得下去、融得进来，真正实现帮助他们回归主流社会的目标。”赖卓妮说。

《中华人民共和国学前教育法》自 2025 年 6 月 1 日起施行，对于因特异体质、特定疾病等有特殊需求的学前儿童入园，进行了法律规范。2020 年 6 月，教育部发布了《关于加强残疾儿童少年义务教育阶段随班就读工作的指导意见》，提出鼓励各地通过政府购买服务，探索引入社工、康复师等机制，承担随班就读残疾学生照护以及康复训练、辅助教学等工作。

各地在融合教育中积累了有益的实践经验。北京市推行“双学籍”制度，特殊教育学校学生具有特殊教育学校和户口所在地就近普通学校两个学籍，每名特教学生每月至少半天到普通学校参加活动；长沙市全域布局创新推进融合教育，推进施行“一师三身份”制度，明确普特融合学校教师具有主教教师、辅助教师、资源教师三重身份，“教师身份”随学生需要和教育环境变化转换，打破普、特教师“界限”……

有了法律和政策保障、专业支撑、家校联动、社会环境，在社会支持体系的协同发力之下，变化正在发生：

学校为戴人工耳蜗、偶尔会跟不上节奏或者没有学会控制情绪的特殊孩子们设计童话般的欢迎仪式，让好奇的目光化作掌声；

影子老师陪伴特殊学生随班就读，待孩子完全适应学校生活后悄然退场；

“萌萌是我来照顾的！”“萌萌不是你一个人的！”当孩子们从担忧和

排斥，到理解和接纳特殊儿童，这一堂课，他们都学懂了。这是因为：

教育公平的刻度，
不在宏大的叙事里，
而在某个清晨——
当特殊儿童举起的小手，
终于被全班目光温柔接住。

（白瑜、梁旭）

05 让孩子在阳光下奔跑

"传球给 9 号，快！""1 ∶ 0，球进了！"…… 南山外国语学校（集团）科苑小学第三届"科苗苗"杯班级足球联赛已激战两周有余。2025 年还增加了 AI 网络直播，自动识别每一粒进球，让小队员的每一粒进球都能被看见。

"班超"不仅仅是校园足球文化的呈现，是学校推动"每天综合体育活动时间不低于 2 小时"目标的重要举措，更充分展现了深圳南山校园足球体教融合新模式的优势。

国脚助阵"班超"

比赛期间，不少孩子习惯了用球场上碰拳的方式互致问候，学校组织学生以小球员、啦啦队、小记者、小画家等不同角色参与"班超"，从不同角度观察、感受足球运动的魅力，在孩子心中种下一颗足球的种子。

南山外国语学校（集团）科苑小学第三届“科苗苗”杯班级足球联赛比赛现场。受访者供图

本届“科苗苗”杯班级足球联赛在2025年2月27日举行了分组抽签仪式，孩子们穿着正装出席，通过学校教师、教练的讲述，了解足球的起源、足球竞赛规则等基础足球知识。随后，各球队代表在家长的陪同下抽签，以公平公正的方式决定分组结果。

2025年3月3日，第三届“科苑班超”拉开帷幕。本届赛事还得到了国脚助阵。中国女足运动员张琳艳、前中国男足运动员杨晨以及中国U20国家队队员王钰栋以视频形式，为参加“班超”的学生们送上祝福和鼓励。这些足球明星的出现增添了孩子们对足球运动的热情，也为

南山外国语学校（集团）科苑小学第三届“科苗苗”杯班级足球联赛颁奖仪式现场。受访者供图

“班超”增添了特别的意义。

参赛小球员刘同学告诉记者，学校的足球氛围非常浓厚，各班组织了球队，场上的球员奋力拼搏，场下的同学加油鼓劲，在比赛中增进了友谊、锤炼了意志。

12 年一贯制拓宽上升渠道

从 2012 年至今，南山外国语学校（集团）以总部文华学校“文华杯”班级足球联赛为模板，集团各分校结合本校实际，相继开展了班级足球联赛，大大普及了足球运动。如今文华学校、科苑学校、科华学校等经过多年坚持，都已形成了各具特色的“班超”。“班超”让孩子们获得更多参与足球活动的机会，南外集团的“12 年一贯制”为孩子持续参与足球运动打造了更好的条件。

前中国足球运动员杨晨为深圳南山的校园足球点赞。他说：“如果小学阶段培养出来的孩子，能顺利完成升学，可以继续踢球，这是很好的。孩子可以到了年龄大点之后再做选择，如果有能力的可以走职业，其余的孩子，也不耽误学业。我觉得必须是体教融合在一起，孩子才能走出来。”

此外，作为推动“每天综合体育活动时间不低于 2 小时”目标的重要举措，“班超”在提升学生体质健康方面取得的效果也非常显著。以科苑小学为例，自首届“科苑班超”举办以来，学生体质健康检测优良率持续上升，从 2022 年的 60.14% 提升至 2024 年的 85.90%。

“班超”遇上德甲教练

2021 年，深圳南山区与法兰克福足球俱乐部签订战略合作协议，在南外集团成立法兰克福（深圳南山）足球青训中心。学校引进了 3 名法兰克福足球俱乐部高水平教练员，分别负责集团小学、初中、高中三支精英队伍的训练。法兰克福教练团队的到来，完善了南外集团的青训体系，助推南山区构建了青训结构和人才金字塔结构，建立起南山区青少年足球人才发展机制。

南外集团左手抓校园普及，右手抓精英足球队员培养，齐头并进，打造了南外集团 12 年一贯制“金字塔”校园足球梯队体系。

当“班超”遇上德甲的青训教练，当校园普及遇上了精致培养，两者相辅相成，帮助南外校园足球收获累累硕果：2023 年，高中精英队获得中国足协青少年足球锦标赛（广东站）冠军、初中男子队伍获得深圳市中小学生校园足球班级联赛冠军、小学精英足球队连续两年获得南山区青少年足球精英赛冠军；2024 年南外集团小学足球队获得广东省青少年足球锦标赛冠军。

如今，为进一步响应“每天运动 2 小时”政策的号召，切实提升南山区青少年体质健康水平以及南山区校园足球整体水平，在全区各校园营造积极向上的足球文化氛围，培养并发掘更多优秀的青少年足球人才，南山区制订实施方案，成立南山区校园足球办公室。校足办将以足球特色学校管理、搭建普及 + 精英竞赛体系为重点工作，通过系统培训和比赛，培养一批具有潜力的青少年足球人才，持续探索南山校园足球发展模式，让孩子们在阳光下快乐奔跑。

（白瑜）

06 “老幼共托”新模式渐兴

一处设计温馨的现代化园区内，在孩童的欢声笑语中，老人们聊天、散步，怡然自得……像这样“一老一小”和谐共处的“老幼共托”新场景，在一些城市越来越多。

不少幼儿园遭遇“入园难”变“招生荒”的经营困境。部分民营幼儿园瞄准养老服务，“老本行”和“新趋势”一起抓，“老幼共托”应运而生，也成为解决“一老一小”照护难题的新答案。

“老幼共托”模式渐兴

从 2023 年开始，招生越来越难，经营着 11 家幼儿园的小金牛教育集团董事长于波不停思考出路。“我想过直接关门，但手底下还有 300 多个员工，最长的跟着我们干了 21 年。”于波说，他得“活下去”。

多番考量后，于波决定转型做养老机构。位于山东济宁的“一老一小”服务中心正式运营。上午养生休闲，下午书法绘画……老人和孩子一样有了“课程表”。

“运营以来，已有60多名老人加入‘托老所’。”小金牛教育集团总园长崔瑾说，进园后右转是幼儿园，左转是“托老所”，老人和孩子在同一空间活动，“托老所”提供休闲兴趣、智慧养老、膳食餐饮等服务。

在全国范围内，类似尝试正在进行。所谓“老幼共托”，是将托老与托幼服务相融合，通过在同一空间下进行老幼照料、代际学习和互动交流，缓解家庭对于“一老一小”的后顾之忧。

在山西，原小雨点幼儿园坐落在太原市柳巷。现在，这里中午为孩子提供“小饭桌”和午休服务，上午和下午变身老年活动中心，迎来上兴趣课的老人。负责人李秀玲介绍，兴趣课包括舞蹈、模特、书画等，由本地一家中老年教育机构的老师授课。

“红梅花儿开，朵朵放光彩……”在深圳航城街道三围社区长者服务站，几名老人一边使用远红外理疗仪灸腿，一边用话筒唱歌；旁边就是深业幸福家航城街道托育园。

深圳航城街道三围社区长者服务站和深业幸福家航城街道托育园同在一栋建筑内，两个空间相通相融。养老网点为老人提供短期托养、康复训练、助餐助浴、老年大学、居家适老化改造等服务；托育园为0—3岁的孩子提供全日托、半日托、科学育儿亲子课等服务。

类似“老幼共托”新模式不仅适用于幼儿园转型，在新生人口数量保持一定增长的大城市，也有助于提升空间利用效率、满足代际融合需求、减轻老人带娃压力。

希望与挑战并存

教育部数据显示，2023年全国共有幼儿园27.44万所。对比2022

年的数据，全国幼儿园减少 1.48 万所，在园幼儿数量减少 534.57 万人。

与此同时，数据显示，2023 年新增注册 9.2 万余家“老幼共托”相关企业，同比上涨 20.3%。

在于波等人看来，托幼行业正经历寒冬，托老则是一片蓝海，部分幼儿园转型“托老所”优势明显。

于波说，招生情况不好的幼儿园大多位于年轻人较少、生育率较低的老城区，这里恰好是老年人聚集区，幼儿园多年经营的声誉和口碑能吸引稳定客源。

记者在于波的机构采访时发现，园内老人除周边社区居民外，更多的是孙子孙女在小金牛幼儿园上学、与幼儿园有“渊源”的老人。

34 岁的幼师黄冉坐在老人身边，唠着家常，不时添茶倒水，逗得老人们开怀大笑。在她看来，幼师群体往往具备较强的学习能力，托老与

深业幸福家航城街道托育园与三国社区长者服务站举办“祖孙共融”绘画活动。受访者供图

托幼具备一定相似性，如果个人意愿强，转型成为养老护理员并非难事。

同时，代际融合的需求切实存在。“我早晨把外孙送到托育园，就可以在长者服务站活动。解放了自己，孩子又有专业的老师来照看。”68岁的深圳退休职工刘彩玲（化名）笑着说。

深业幸福家航城街道托育园园长吴璇拿着《“一老一小”代际融合手册》告诉记者：“我们在多个方面探索代际融合，比如园内的各种设施让老人可见；组织祖孙同乐活动、祖孙茶话会、祖辈课堂等互动活动；在‘六一’或重阳节等节日，也会组织孩子去看望老人，通过一起画画、游戏，让‘老小孩’与‘小小孩’收获快乐。”

挑战也同时存在。

业内人士认为，“老幼共托”中的养老部分具有较强专业属性，需要专业人才对老年人进行心理和身体的双重照料，机构运营也更精细化、专业化。能同时照顾老年人和儿童的复合型专业人才远远不足，现有护理人才的数量和质量均无法满足高质量养老托幼服务的需求。

受访基层干部认为，“老幼共托”机构的盈利模式仍有待市场检验；“老幼共托”机构持续升级，如向医养结合或智慧养老等方向发展，或将成为选择。李秀玲也表示，仅靠老年大学课程收费收益很低，机构后期可能会通过组织旅行、举办活动等服务老人。

需总结经验、持续创新

从业者认为，“老幼共托”新模式打破固有隔阂，实现“一老一小”资源共享与代际交流，是对既有社会服务与照护模式的创新探索，也是积极应对我国人口发展新形势的务实举措。

深圳健康养老学院院长刘鸫根表示，我国养老事业和养老产业正处在快速发展的关键时期，随着人口老龄化进一步加剧，建立“机构、社区、居家”一体化的链式医养模式是提高养老服务质效、推动养老服务高质量发展的重要举措。

“从幼儿园转为‘托老所’并不简单，二者虽有共通之处，但功能仍有不同，需要持续创新，进行精细化管理。”于波说，眼下老幼一体化试点刚刚起步，仍需在实践中总结经验，持续优化方法。

为促进“老幼共托”新模式健康发展，业内人士建议，要加快完善制度建设，针对养老托育融合服务体系的规划、建设、保障、监管等制定政策、设置体系标准，明确各主体的权利、责任、义务。

有专家表示，在不少幼儿园关停、幼师面临职业转型的当下，应结合行业发展动态，整合医疗、养老和教育资源，优化学校专业课程设置，通过开展教育培养、职业培训、深化校企合作等方式，培育更多“护理＋托育”的复合型专业人才，满足“老幼共托”模式推广和发展的需求。

山东社会科学院助理研究员祝晓书等受访专家也提出，要进一步平衡老幼需求，提升创新能力。比如，优化“老幼共托”场所的空间设置和代际互动活动设计，注重多功能性和灵活性，确保设施和服务满足不同个体的多样化诉求。

此外，可建立有效的沟通和评估反馈机制，定期收集老年人、儿童及其家属的意见，及时调整服务内容和方式。引入数字化、智慧化服务，精准匹配老幼群体需求与供给，鼓励多元主体参与，推动社区参与共建，提升服务的多样性和便捷性。

（张昕怡、白瑜、李紫薇）

07 基础教育新格局：均衡、包容、创新

三尺讲台，见证一个城市的奋进与巨变。从追赶时代到引领时代，深圳的基础教育逐步形成崭新发展格局，风劲扬帆、谱写新篇。

均衡发展：优质学位力争实现“深圳式超越”

文华路，是深圳市南山区的一条小路。道路两旁古木参天。从文华路进入深圳市南山外国语学校（集团），是另一片生机蓬勃的天地。建校以来，学校已逐渐发展为包含幼儿园、小学、初中、高中共 18 个办学单位的现代化集团学校。

“集团化办学不仅从规模上扩大优质教育资源的覆盖面，从质量上保证新加入分校的办学水平，而且从师资上促进教师专业能力整体快速发展，从管理上提升资源的系统聚集效能。”深圳市南山外国语学校（集团）校长夏育华说。

在集团化办学理念下，深圳市基础教育资源像树林一样，生长得郁郁葱葱。数据显示，特区建立之初，深圳教育起步于边陲农业县的家底，只有 6 万多名学生、300 多所中小学、幼儿园。今天的深圳，已有中小学和幼儿园 2593 所、在校生 209.2 万人。

城市吸引力带来人才会聚。为满足市民的学位需求，深圳学校改扩建按下加速键。近 5 年，深圳市累计完成新改扩建公办中小学 184 所，新增学位 25.6 万个；新增幼儿园 347 所，新增学位 10.7 万个。近 5 年，深圳市基础教育累计投入财政资金 1918.48 亿元，年均增长 26%。

2024 年 6 月 10 日，广东深圳举行珠算文化展演活动，600 多名来自海峡两岸的珠心算小学员参加珠心算竞赛。新华社发（受访者供图）

2024 年 12 月 23 日，深圳大学附属中学初中部的学生们在体育课上学习舞龙。新华社记者梁旭摄

通过教育资源均衡发展，深圳进行了一场基础教育发展攻坚战，通过集团化办学、新建学校等多种方式，高标准办好学前教育，扩大中小学教育规模，高质量普及高中阶段教育，正在力争实现教育资源的“深圳式超越”。

包容发展：心手相连传递城市温度

在位于深圳市光明区的玉律社区，有一座花园一样的玉律学校。窗明瓦亮、流水潺潺。

外来务工人员子女在这所学校占比达 88%。一年级学习想象儿童画、

2023 年 10 月 11 日，深圳举行纪念少先队建队 74 周年主题队日活动，参加活动的少先队员表演第三套全国小学生广播体操——《七彩阳光》。新华社记者毛思倩摄

二年级做创意手工、三年级学习水墨画、四年级学习艺术设计……学生们不分户籍，接受同样的教育，共享深圳发展红利。

玉律学校校长王婷介绍，多数学生随父母租住在城中村，家庭条件不太好，在深圳缺乏融入感。学校的艺术教育让更多孩子有机会握上画笔，弹奏乐器，穿上舞鞋，接受高品质艺术教育。

家长们也用实际行动默默回馈。每天早 7 时，40 多名身着红马甲的家长护送学生安全上学，其中不乏“资深家长”，比如徐芷凌的妈妈，孩子已从学校毕业多年，她仍每天风雨无阻为学校的孩子们爱心护航。

深圳流入人口规模大、比例高、增长快。深圳市统计局的数据显示，2019 年深圳常住人口 1343.88 万人，其中非户籍人口 849.1 万人，占比超 63%。

“每一个来深圳打拼的人都是深圳人，我们高度重视其子女受教育情况。”时任深圳市委教育工委书记、市教育局局长陈秋明说。

深圳市义务教育学位提供给非户籍学生的比例全国领先。作为移民城市，深圳较好地解决了非深户籍学生入学问题。

创新发展：激活未来新动能

开放包容是深圳的责任和担当，更是这座城市的文化基因。在“包容试错、鼓励创新、奖励突破”的氛围中当教师，很需要科技含量。

2024 年 4 月 25 日，在深圳市福田区召开的研讨会上，福田区教育局发布了区内中小学生的“学生幸福指数”。新华社记者白瑜摄

学生无意中用磁铁教具把讲台上的台式电脑屏幕划出一道道彩虹痕迹。南山实验教育集团南头小学教师邓玉琳没有批评犯错的两个孩子，而是引导他们进行科学探究。两周后，两个孩子以“磁铁会影响电器工作的原理”为题目写出一篇研究文章。

邓玉琳相信，创新是人人具有的生命潜能，希望用创新点燃孩子内心的火种。她带领团队培养出中国少年科学院 33 名小院士，指导学生完成研究论文 1500 余篇。

2019 年度中国少年科学院小院士评选结果中，全国评选出 400 余名小院士，有 108 名来自深圳。

福田区荔园教育集团创建了“问题解决虚拟研究所”，将教师培养成以科研精神解决教育难点问题的“数据玩家”，通过挖掘教学大数据“金矿”，将学生学业水平进行横向、纵向比较，运用数据辅助实现教学理念。

深圳市教育系统从创新教育入手，在传统的教育系统中打开一个缺口，推动整个教育生态环境重构。一个以城市创新为平台、以企业创新为龙头、以学校创新教育为基础、以构建阶梯式人才队伍体系为特征的创新体系，不断激活深圳发展新动能。

（白瑜）

08 一年新建 18 所高中是怎么做到的？

面积 1997 平方公里，常住人口超过 2000 万，人口密度全国第一，平均年龄 32.5 岁……作为一个以“创新”闻名的特大城市，却面临一个急迫的民生难题——公办普通高中学位短缺。

百姓抱怨，“考公办普高难于上大学”。有难题，就要破题。深圳的执政者“谋定快干”，拿出当年搞建设的干劲与速度，一年新建 18 所公办高中。

面积就那么大，又有各种资源环境约束，平均一个月就建成 1.5 所高中，这种速度的确令人惊讶！

那么，深圳是怎么做到的？

学位建设大提速

2022 年秋季开学，深圳市新建成的三所高中园，迎来了第一批新生。

深圳理工大学附属实验高级中学开设实习科学家等特色课程。受访者供图

从建设、封顶、装修到完工交付，2022 年，深圳市龙岗、坪山、光明区，3 座高中园、共计 9 所学校拔地而起。除此之外，深汕特别合作区高中园（深圳中学高中园）正在如火如荼的建设当中。

俯瞰深圳的电子地图，你会发现，整座城市已经密布着星星点点的校园图标。现代化、高颜值的校园，已成为深圳地图上一道靓丽的风景线。

深圳学位建设这十年，道阻且长。

特区成立 40 多年以来，深圳一步步成长为中国经济最发达的城市、中国营商环境最好的城市和全球最具创新力的城市之一。与此同时，深圳的教育资源供给却不太尽如人意。人们抱怨最多的就是“上学难”，从幼儿园到高中各个阶段，都缺学位。

作为全国最大的移民城市，深圳市常住人口出生率常年处于高位。第七次全国人口普查数据显示，深圳市的人口增量超过 713 万，进城务工人员随迁子女人数高达 86 万。深圳虽加大力度建设学校，但学位增长的速度，满足不了高速增长的需求。

“中升高，学位打破头”的现实，成为萦绕在深圳人心头最大的焦虑。

2020 年，深圳家长李玉的孩子，中考成绩不错，却无法上公办高中。想上民办高中，但又负担不起昂贵的学费。“是不是回老家上高中，心里很犹豫，”李玉说，“高中三年是关键的时间段，谁不希望孩子在身边上学？”“公办的录取率低，民办的消费不起”，内心纠结的，是一大批外来务工家长。

公办普高学位紧张，也成了这座“创新之城”吸引高层次人才的瓶颈。

一切都在变化之中。

从江西老家来到深圳务工的孙女士，2015 年女儿该读小学时，由于积分较低，难以入读公办学校。无奈之下，只得让孩子当“留守儿童”。

然而几年之后，孙女士所在的光明区新湖街道楼村社区，一座新学校开始规划——光明区联合深圳理工大学（筹），高标准规划建设了深圳市第二十二高级中学（深圳理工大学附属实验高级中学）。按照规划，该学校占地约 3.5 公顷，办学规模为 42 个班，将提供学位 2100 个。

2021 年，孙女士的女儿即将升高中时，孩子报考了这所家门口的新学校，按照志愿和分数条件获得了录取。这令孙女士倍感惊喜，“一方面由于孩子努力，另一方面也是深圳学位扩容给了我们这份幸运”。

深圳市第二十二高级中学校长宋如郊表示，“让孩子有学上，更要上好学。学校开创创新型人才培养与发展模式，开设了博士课堂、院士讲坛、科学家讲堂、学伴计划、科学院项目式学习、实习科学家等特色课程，努力培养孩子的兴趣，让他们成为‘未来科学探索者’”。

深圳市学位建设已经初见成效。2020 年实施大规模学校建设计划以来，近三年，累计新开办公办普高 30 所，实现年度秋季公办普高录取率从 2019 年的 44.5% 逐年提升至 2022 年的 53%，推动公办普高学位大幅增量扩优。

高中学位建设实现“三步走”

一年新建 18 所高中，有什么招数？深圳市委教育工委书记、市教育局局长郑秀玉说，招数有三：

一是“提前布局”，保障高中学位供需动态平衡。深圳市制订《深圳市高中学校建设方案（2020—2025 年）》，明确了 2020—2025 年全市新建公办普通高中 55 所，新增公办普高学位 11.8 万个的任务目标。

二是“谋定快干”，推动高中建设步入“快车道”。深圳市以“特事急办”为原则超常规推进高中建设，创新“市投委托区建”模式，下好

深圳高中探索创新型人才培养与发展模式，图为深圳高中生在课堂上使用“科学盒子”进行化学实验。受访者供图

全市高中建设“一盘棋”。按照各年度高中学位建设总任务，明确关键节点，设定阶段目标，倒排工期、限时推进，保障高中学位建设目标如期如数如质实现。

三是建立标准体系，打造高中建设“新标杆”。通过调研，明确了学校类建筑标准体系优化完善的方向和举措，提出了集约节俭建设“安全韧性、绿色低碳、开放共享、智慧智能、五育并举”百年学校的总体目标。

深圳学位扩容提质跑出“加速度”，多所优质学校不但在中心城区分布，还在西部、东部、北部生根开花。现代化、高颜值的校园已成为深圳打造民生幸福标杆的有力支撑，也让人民群众对教育甚至对深圳这座城市的满意度大为提升。

延伸和拓展“教育空间”

权威数据显示，截至2022年年底，深圳中小学及幼儿园在校生人数达到了242万，该数据已超上海、北京，按城市发展和人口增速预估，深圳将很快成为全国基础教育规模最大的城市。

推进基础教育建设高质量发展，是深圳市学位建设的重要任务。超特大城市资源紧约束条件下，如何既要保证群众有学上，又要满足群众上好学的需求，确实是一个很大的考验。

深圳，寸土寸金。办学校，没有土地，一切都是空想。怎么办？深圳市教育局负责人说，由于历史遗留问题，深圳有300多块已规划但未建成的教育地块。深圳从规划这一根源入手，通过修编或更新专项规划等方式，增加基础教育设施用地。其中，国有储备用地、新增用地、盘活存量土地、闲置用地等优先用于学校规划建设。对规划实施性差、土地整备难度大、两年内无法启动建设的教育用地，相关部门要求就近置换，确保规划用地及时建成学校。

百万学位建设计划实施以来，深圳已落实近300块教育用地。

“无论是加速推进新学位建设，推进传统学校改扩建，还是学校硬件、办学设施的迭代升级，均体现了深圳在重构、延伸和拓展‘教育空间’上的努力。”深圳大学教育学部党委书记、二级教授、博士生导师、教育部首批国培专家、广东省督学李臣表示。

既向土地要物理空间，也向网络要云端空间。基于教育不均衡的现实，深圳市着手打造云端学校，打破传统学校有形边界和物理空间，形成“总部校区＋N所入驻学校”的教学共同体，探索未来教育新样态，实现教育资源共享。截至2023年7月，已经有13所学校入驻云端学校。云端学校主讲教师实现全国遴选，优秀教师加盟极大推动了深圳智慧教育的发展速度与吸引力。

此外，深圳在线教学资源也不断提速，截至2023年7月已开发7866个在线教育课程资源包，免费开发1.4万节优质课例，涵盖小学、初中、高中45门课程，受到了广大家长和师生的欢迎。

（孙爱东、白瑜、黄雨佳）

09 围绕人工智能加快学科和专业布局

建立人工智能学院、探索人工智能与基础科学深度融合、探讨智能时代的大学通识教育与文科建设……中国多所高校正围绕人工智能加快学科和专业布局，以前所未有的速度重构智能时代教育版图。

南方科技大学的本科生们上了一堂特殊的人文社科通识课。学生们不仅要学习机器学习算法，还要探讨AI技术对社会结构的影响。这种跨学科的教学场景，正在成为中国高校应对智能时代挑战的缩影。越来越多的教育者意识到，人才培养应从单一学科培养转向交叉复合型人才培养，从知识传授转向创新能力塑造。

人工智能技术的飞速发展，交叉学科的不断产生，新文科、新工科等概念的大量涌现，当前大学教育面临挑战与机遇。如何看待世界范围内文科教育规模出

2024 年 6 月 28 日在帕西尼感知科技（深圳）有限公司拍摄的人形机器人 TORA-ONE。新华社记者毛思倩摄

现缩减现象？如何在新的形势下，提高大学通识教育的质量，建设有特色的高水平文科？在南方科技大学社会科学高等研究院 2025 年 4 月 27 日举办的“智能时代的大学通识教育与文科建设：创新与挑战”专题研讨会上，学者们就“智能时代文科通识教育面临的问题和对策”“人工智能时代的文科人才培养”等议题，展开深度探讨。

与此同时，高校加快人工智能学院建设。截至 2025 年 4 月，已有超过 50 所高校成立人工智能学院。北京大学 2025 年 4 月 26 日成立科学智能学院，该学院立足深圳，依托北京大学科研优势与粤港澳大湾区产业创新资源，致力于构建人工智能与基础科学深度融合的创新生态，培养兼具科学智能素养、跨学科创新能力和国际视野的交叉复合型人才。

北京大学深圳研究生院副院长、科学智能学院执行院长田永鸿介绍，科学智能学院采取 AI 导师 + Science 导师的双导师培养模式，将培养一批科学智能交叉人才，构建覆盖多学科的科学智能基础设施和平台，打造“科学智能北大模式”，致力于为全球 AI4S 领域提供学科建设与产教融合方案。

深圳大学人工智能学院 2025 年 4 月 21 日揭牌成立，依托全国重点实验室、国家工程实验室等强大平台，建设基础学科研究中心和算力平台，与腾讯云共建产业学院，为科研创新、技术转化和人才培养提供保障；香港中文大学（深圳）成立的人工智能学院，计划于 2025 年 9 月招收首批学生，拟开设人工智能本科专业及人工智能哲学硕士—博士项目。

教育变革的背后，是产业需求的强力牵引。未来，随着全国更多高校的加入，人工智能或将成为教育改革、科技创新和产业升级的重要引擎，教育也将为人工智能产业发展提供强有力的科技支撑和智力支持。

（白瑜）

10 人工智能通识课重构教育想象力

当我们写下 0—9 这几个数字，人工智能大模型是依据什么识别出这些数字呢？7 就是“一条竖线+一条横线”，2 就是“一条带弧度的竖线+一条横线”……在人工智能通识课上，孩子们体验了如何用大模型人工神经网络视角来思考这个世界。记者调研了解到，人工智能课程正在加速进入中小学课堂，在基础教育版图上填补关键拼图。

从“认识 AI”到“借力 AI”的沉浸式课堂

深圳龙城高中初小部初一 5 班的课程表上，一场静默的变革正在发生。下午 2 点的 AI 作文辅导课与 4 点的人工智能通识课形成奇妙呼应——前者通过人工智能“助教”启发学生们的语言创造力，后者则指向数字时代对于人工智能的深层次理解。当学生李明（化名）在作文课上用 AI 工具梳理逻辑框架，又在通识课上亲手调试神经网络参数时，这个 14 岁少年或许尚未意识到，他正站在教育范式转型的潮头。

人的大脑有超过 860 亿个神经元细胞，我们平时看到的画面、听见的声音以及闻到的气味，就是通过神经元在传递信号。大脑会根据收到的信号，做出决策或反应。科学家们受到大脑工作方式的启发，设计了人工神经网络计算模型，它能像大脑一样工作，帮助计算机“思考”和“学习”。每个点，就像一个小小的“通信员”，每条线，像连接通信员之间的电话线。当“通信员”接收到信息后，会判断一下重要程度，重要的信息传递给下一个通信员，不重要的信息就停止传递。

飞象星球推出的“L1—L3”三级课程体系，让学生更好地理解人工神经网络，恰似在基础教育版图上填补关键拼图。在深圳课堂，孩子们通过 32 个互动实验理解卷积神经网络如何识别手写数字，这种具象化认知颠覆了传统信息技术教育“先语法后思维”的路径。

飞象星球人工智能通识课程分为三个层次：L1 感知层，32 个互动体验，激发学生兴趣、提升学生参与感；L2 应用层，掌握基础原理后，课程设计了 96 个真实项目，让学生在任务中发挥想象力，将理论转化为实践；L3 开发层，高阶课程配备开发模组，八年级的学生就能用电影级动捕技术做数字人。

AI 教育下沉的破局之路

中国互联网络信息中心数据显示，我国人工智能核心产业规模已接近 6000 亿，中国教育科学研究院调研数据显示，全国中小学专职科学教师占比仅为 2.7%，人工智能相关课程的实际开课率不足 15%。这种理想与现实的反差，折射出我国基础教育改革进程中亟待突破的结构性矛盾。

这种转型的迫切性，在浙江大学人工智能研究所所长吴飞的论断中可

2025 年 5 月 21 日，飞象星球人工智能研究院创新教育实践研训活动在京举行。新华社记者马宁摄

见一斑："由于我们正向人工智能时代迈进，所以了解人工智能，掌握人工智能，创新人工智能成为每个人必备的能力。"

北京航空航天大学教授熊璋认为："AI 天生自带教育属性。AI 本身就是模拟人脑智慧形成的过程，它的发展就是学习、整合知识、生成进一步的认知。AI 跟别的科学技术最大的差别是，人工智能技术第一个拥抱的就是教育。过去的蒸汽机等划时代的科技进步，都是很成熟之后，教育才去拥抱。"

重构教育生态

要让 AI 教育突破地域资源壁垒，单靠一所学校的课程创新远远不够，深圳龙岗区的 18 所实验校成为关键试验田。

深圳龙岗区教育局遴选出18所人工智能项目实验校，试点AI个性化作业系统、双师课堂和AI作文批改项目。通过近2个月的试点实施，AI个性化作业通过数字化采集作业，实现了更具针对性和精准度的教学和个性化辅导，深入探索实现个性化作业的有效路径；参加双师课堂的每名学生都可以跟随“双师”节奏，进行动手实践操作，增强课堂的参与度和体验感；AI作文批改实现大模型与学生作文的全批全改和精准辅导，针对不同学生的作文，生成精细化的个性化作文修改报告，为学生每一次写作提供高质量的个性辅导。

这些场景化应用背后，是技术普惠与教育公平的双重考量。2025年开年3个月内，飞象星球课程已陆续在北京、重庆、云南、内蒙古等25个省市的1000余所学校进行试点，覆盖学生达15万名。

这场教育变革的深层价值，在于重构教育生态。当八年级学生用动捕技术开发数字人时，他们接触的不仅是技术工具，更是跨学科思维和产业级工作流程；当AI作文批改系统沉淀百万份学生语料，既为教学优化提供数据支撑，也为技术迭代输送真实场景。正如试点校反馈显示，参与项目的科学教师通过双师课堂获得实战培训，师资培养与课程落地形成共振。不过，要将试点经验转化为可持续模式，仍需破解城乡数字基建差异、教师认知转型等难题。

值得肯定的是，这场刚刚开始的人工智能课程探索，使得偏远地区的学生也有了机会学习人工智能知识，拓宽了视野，为他们未来的发展创造了更多可能性。这场由技术赋能的认知变革，正悄然将“数字原住民”的起跑线从物理空间拉向无界未来。

（白瑜、梁希之）

第二章

健康中国的深圳实践

健康是幸福生活的基石，也是城市发展的核心竞争力。深圳以“健康中国”战略为引领，构建起覆盖全民、全周期的卫生健康服务体系。从高水平医院建设到基层医疗网络完善，从智慧医疗到公共卫生应急体系建设，深圳不断推动医疗资源下沉和服务升级，让市民在家门口就能享受优质医疗服务。这座年轻的城市，正以创新和包容的姿态，打造健康中国的“深圳实践”，为全民健康保驾护航。

01 做好社区医疗　解决急难愁盼

2025 年是深圳经济特区建立 45 周年，深圳始终以“解决人民急难愁盼问题”为出发点，将社区健康服务中心作为老百姓健康的守门人，以“补短板、强基层、建高地、促健康”为主线，将深化医改与健康深圳建设紧密结合，通过一系列创新性举措，切实回应群众在医疗健康领域的关切。

求解群众健康急难愁盼问题的社区路径

2025 年 6 月，罗湖医院集团东门社康中心公共卫生护士殷娟与同事完成了家庭病床的上门巡诊，背着药箱回到社康中心。该中心为社区内因疾病需要卧床或者身体衰弱、生活不能自理、行动不便，到医疗机构就诊确有困难的居民累计建立 476 张家庭病床。一上午，医疗团队跑了其中 10 家。

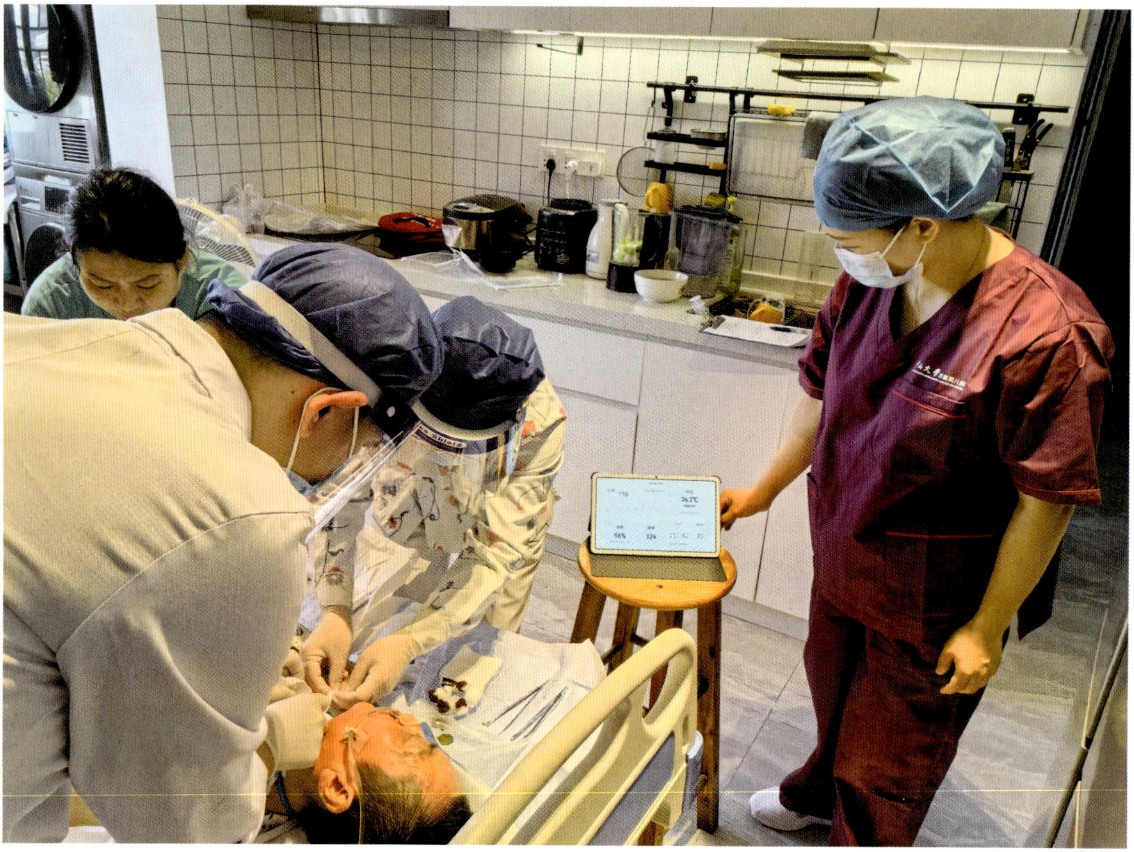

2025 年 6 月 19 日，中山大学附属第八医院福南社区健康服务中心为福田区家庭病床患者提供居家气管切开套管更换服务。受访者供图

其中，一位 79 岁的患者在医院做了腰椎手术，3 个月伤口没有愈合。“5 月 28 日建立家庭病床，需要控血糖，目前伤口接近愈合，还需要继续换药……”殷娟在系统中记录着，并发到“家庭病床服务群”中与医生和患者家属实时沟通情况。

“家庭病床服务，不仅仅是把医生派到患者家里，更深层次的意义在于推动基层医疗服务模式的转型和升级。”罗湖医院集团院长林汉群表示。

随着人口老龄化加剧，慢性病患者的居家照护需求日益增长，传统的医疗服务多以医院就诊为主，患者需前往医院排队挂号、候诊，对于部分身体衰弱的老人来说就诊有较大不便。深圳多个社康中心引入智能监护设备，实时监测家庭病床患者心率、血压、血氧饱和度等生命体征，打破了以往仅靠定期体检或患者身体不适时就医获取健康数据的局限。

同时，对于一般居民，深圳市还积极增加家庭医生签约服务供给，扩大签约服务覆盖面，制定了基础服务包、普通人群服务包、重点人群服务包和个性化服务包，突出全方位全周期健康管理服务。

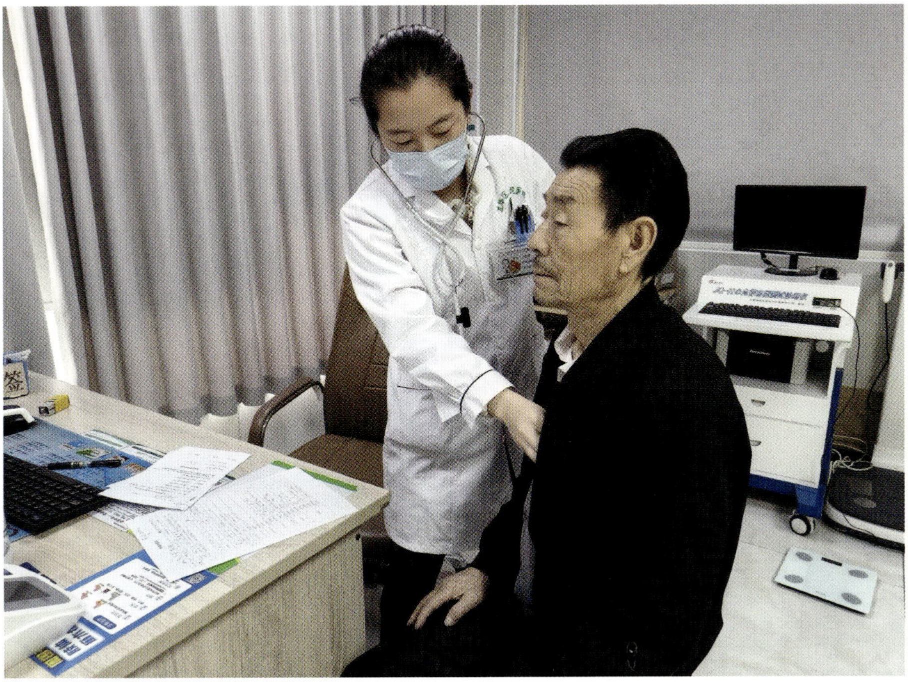

2025 年 4 月 7 日，龙华区民强社康全科诊室，老年人免费体检过程中，开展慢阻肺随访。受访者供图

深圳市卫健委数据显示，截至2024年底，深圳市全科医生总数超过1万人，培养了250名金牌家庭医生，247名金牌社区护士，每万人全科医生数超过了6名。全市组建了5453个家庭医生团队，为760万居民提供了签约服务，签约覆盖率达43%，市民获得感不断得到加强。

智能科技辅助基层医疗“精准提效”

记者采访发现，智能应用正深度赋能深圳基层医疗机构诊疗全链条。65岁的刘女士家住晒布路，因为突发胸痛到罗湖医院集团东门社康中心就诊。挂号后，她来到一台中医智能四诊仪前，张口3秒完成舌象采集，AI根据图像分析舌色，舌苔，接着刘女士通过仿生脉诊传感器提取脉象图，并完成面象采集和个人体质问卷，5分钟内，一份健康报告以及调理建议便传到医生系统中。

接诊全科医生此刻收到了“AI临床助手”的重要警示：胸痛诱因多元，除当下考虑，还需警惕心绞痛、胃酸反流、冠脉综合征或带状疱疹等。

“这个功能很有价值。”东门社康中心主任、全科医生张潇潇告诉记者，“若是带状疱疹，社康可直接处理；但若涉及心绞痛或冠脉综合征，则需立即启动胸痛通道转诊上级医院，这个功能可以提醒医生，有效防范了漏诊风险。”

更便捷的是，在就诊过程中，“AI临床助手”还能基于患者年龄和风险特征，智能推送成人适用的HPV、流感、乙肝、带状疱疹等疫苗接种提醒，让患者跑一次社康就能同步解决就诊和疫苗需求。

类似的智慧探索在深圳基层医疗机构遍地开花。福田区福中社康的AI系统可实时生成症状分析图并自动输出结构化病历，将过去8—10分钟的文书耗时压缩至5分钟；龙华区创新智能导诊小程序，突破传统点

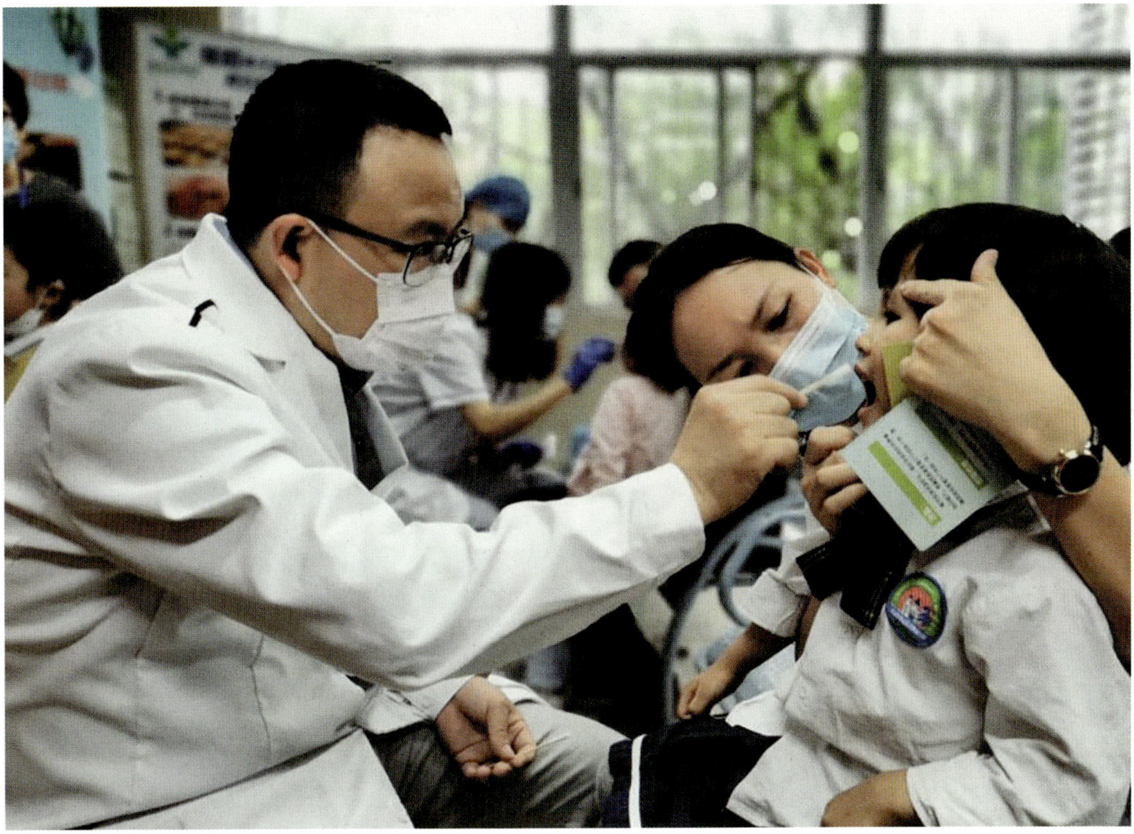

2025 年 5 月 11 日，深圳市南山区西丽社康中心开展家庭医生爱牙日活动。受访者供图

选限制，通过人机自由对话式交互引导患者精准描述病情，化解“不知挂什么科”的困惑；而在宝安区沙井街道东塘社康，无人机化身“空中配送员”，将煎好的中药精准送达患者手中——当包裹带着余温“从天而降”，科技的便捷与温度尽显无遗。

深圳市卫生健康委员会负责人介绍，人工智能等技术正全方位优化深圳医疗服务效能，全市超 400 家社区健康服务机构引入了不同类型的智能诊疗辅助设备，居民可在家门口体验更高效、更个性化的医疗服务。

分级诊疗促进“两融合一协同”

数据显示，深圳市 2024 年末常住人口为 1798.95 万人，增量高居全国首位。深圳需要直面人口快速增长、老龄化加剧、医疗资源分布不均等民生考题。深圳以“补短板、强基层、建高地、促健康”为主线，将深化医改与健康深圳建设紧密结合，让健康保障与发展速度同频共振。

“15 分钟社康圈”建立的背后，是深圳市委市政府坚持以人民为中心，深入贯彻落实健康优先发展战略，推进中国特色社会主义先行示范区建设，深化医药卫生体制改革，构筑分级诊疗体系的努力。

《深圳经济特区医疗条例》提出，建立完善以市级中心为医学学科建设核心、基层医疗集团牵头医院为疾病防治主体、社区健康服务机构为居民健康管理服务平台的分级诊疗体系，推行基层首诊、双向转诊、急慢分

《深圳经济特区医疗条例》2017 年元旦起首次施行。新华社记者毛思倩摄

治、上下联动的分级诊疗制度。

通过构建以“市级医疗中心 + 基层医疗集团”为主体的“顶天立地”医疗服务体系，深圳市基本实现了“大病不出深、常见病不出区、健康管理在社区”。在市级层面，以市属医院为主体设置了 21 家市级医疗中心，承担大病、难病、重病诊疗和教学、科研任务。在区级层面，以区属综合医院为牵头单位，联合医院下属社康机构、康复和护理机构，组建了 21 家基层医疗集团，承担辖区居民健康管理和常见病等诊疗服务。

深圳市卫健委负责人介绍，所谓基层医疗集团，就是基层医疗机构（社区健康服务机构）集团化运作。由区属综合医院，一般是三级综合医院作为牵头单位来组建。每个集团负责一个行政区或者若干个街道范围内的公办社康机构的建设与运营管理，以集团化的方式推进社康机构网格化布局、标准化建设、规范化管理。

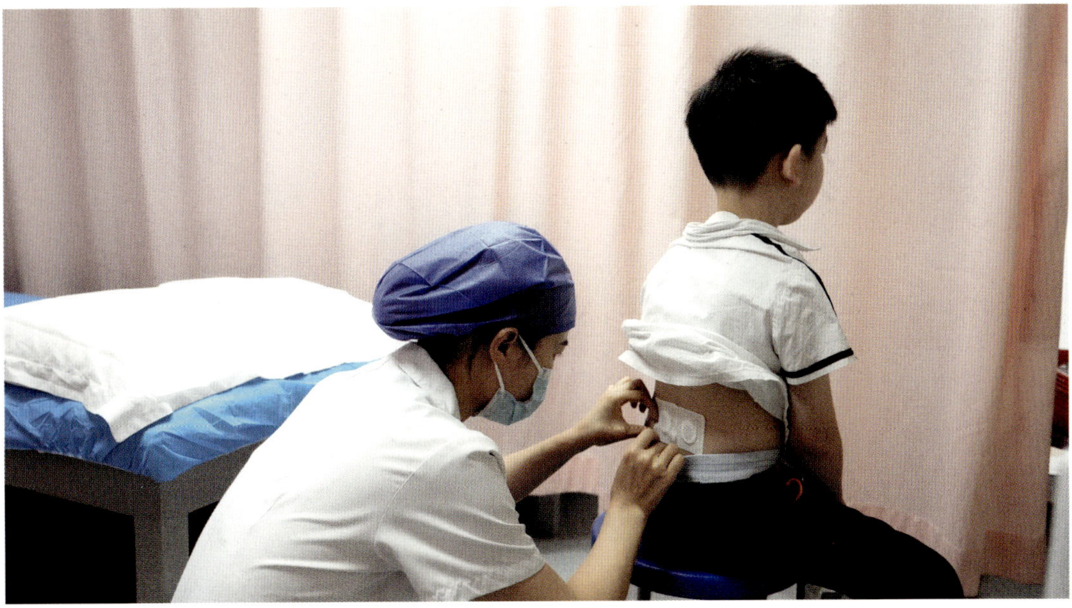

2025 年 6 月 8 日，福田区园西社康站为儿童进行生长贴治疗。受访者供图

深圳市实行“两融合一协同”的基层医疗集团运营模式。医院与社康机构融合发展，社康机构是区属综合医院设置在每个社区或大型工业园区、大型办公楼宇的便民服务点，与医院同属一个法人单位，医院与社康一本账、一家人、一盘棋。医防融合，社康机构既提供基本公共卫生服务，也提供基本医疗服务，方便群众看病就医。全科与专科协同服务，医院的专科医生，参加全科医生转岗培训，对培训合格的，在医师执业注册证上增加注册全科医学专业，允许其在社康机构提供全科医疗服务。通过这种方式，心血管、内分泌、儿科等专科医生，既可以在医院病房管病人，也可以下社康看门诊，实现一支队伍给群众看病、管群众健康。“两融合一协同”，为深圳社康机构的可持续发展引入了活水，注入了活力。

2024 年，深圳的社康机构完成了全市 38.7% 的门诊量，全市 86.1% 高血压患者、76.6% 糖尿病患者在社康机构就诊，初步建立以慢性病为主要病种的分级诊疗体系。

深圳市卫健委负责人指出，深圳社康体系的发展，也得益于医疗、医保、医药三医协同发展和治理。深圳的社康机构实行 10 元 / 人次的一般诊疗费制度，医疗服务收费标准比二、三级医院分别下调 15%、20%。财政核拨给社康机构的次均基本医疗服务补助标准高于医院。截至 2025 年 7 月，全市有 1000 余万参保人绑定在基层医疗集团首诊。深圳市医保局按照每家集团绑定的参保人数量核定门诊统筹费用，实行“总额管理、结余留用”，有力引导了“强基层、促健康”。对于高血压、糖尿病等慢病患者，若签约家庭医生，可以享受报销 90% 的医保用药优惠。

依托社康服务网络，深圳市大力推进医防协同、医防融合、医养结合、体医融合，社康机构成为居民健康服务基础平台，疾病防控的基层堡垒。社康机构加挂社区疾控中心牌子，走进校园开展学生健康管理，市属医院组建15个医防融合专家小组进社康指导重大疾病防治，医院把青少年近视防控、脊柱侧弯防控下沉到社康开展。2024年，深圳市家庭病床建床数达2.58万张，老年人健康管理率84%，居民健康素养水平50.95%。

深圳市卫健委负责人表示，深圳将进一步推动基层医疗集团规范化建设，提升社康机构医疗装备和信息化水平，完善家庭医生服务保障和激励机制，优化基层医疗集团“总额管理、结余留用”医保支付改革，推进居民健康服务标准化，着力解决人民急难愁盼问题，为中国式现代化的深圳样本书写民生幸福刻度。

（白瑜、陶思羽、郭雨涵）

02 数字孪生技术解锁医疗应用新场景

数字孪生技术在医疗健康领域不断解锁新的应用场景。深圳大学附属华南医院2024年上线“AI智能导诊”功能，以人工智能手段为依托，面向居民提供AI智能分诊、一键快速预约等24小时在线咨询服务。

很多患者去医院前都会发愁该挂什么科，AI导诊小助理上线后，患者可提前进行咨询，不用担心挂错号，就医更高效便捷。

同步上线的“智能陪诊助手”可在个人页面为每位就诊患者创建就医日程，预约日期一目了然，记录就医时间轨迹，实现快速复诊，还可智能推荐下一步就诊环节，在就医各环节主动推送消息指引，提供虚拟陪诊、现实感知的就医体验。

刘女士几次陪家人看病住院，体验了“AI智能导诊”功能。“真的很方便！在手机上就能快速找到想要的信息，像门诊排队情况、检查报告、住院每日费用清单、电子发票等，门诊可以直接扫码缴费，住院押金在家就能缴纳，就连病案复印都可在手机上申请、快递到家，不用来回跑，省了不少心。”刘女士说。

深圳大学华南医院院长吴松表示，数字孪生医院是智慧医疗的重要方向，该院正利用数字孪生医院技术不断创新，搭建多元化的应用场景，触达医疗服务、科研创新、后勤管理、安全生产等各个方面，进行全生命周期健康管理，致力让居民享受最好的健康服务。

（白瑜）

03 粤港澳携手塑造“健康湾区”

“以往看病都是挂号去科室排队找医生。我在香港大学深圳医院复诊，第一次体验到等医生来找我，省去了很多奔波。唔该晒（感谢）。”香港居民黄女士在深圳体验了“一站式”医疗服务。在顺利地看病开药之后，黄女士竖起了大拇指。

由于疫情影响，黄女士 2020 年 7 月以来一直在惠州市亲属家居住。她患有糖尿病，虽然已在香港公立医院预约复诊，但不方便回港就诊。

她与另外 58 名患者一起，成为粤港澳大湾区第一批“香港医管局在粤患者复诊治疗服务香港大学深圳医院支援计划”的受益者，实现了在香港预约、在深圳就诊。

“患者的预约记录和病历资料首次跨越深港两地实现互通，粤港澳大湾区跨境医疗服务合作不断加强。香港大学深圳医院不仅面向港人，也面向大湾区所有居民提供优质的医疗服务。我们希望这个项目能成为深港医疗融合样板项目，也能为后续大湾区医疗融合提供更好的参考。”香港大学深圳医院医疗副院长李咏梅说。

在李咏梅看来，广东、香港、澳门的医学交流是相互的，通过优势互补，可以实现共创多赢。粤、港、澳地区的医疗管理体系、培养机制、考核方式、医疗习惯等存在差异，高层次医学人才的流动成为拉动区域内医疗质量提升的关键因素。

随着大湾区内跨境医疗合作积极推进，越来越多来自香港和澳门的医生通过获取内地医师资格、申请短期行医等方式获得多地执业资格。

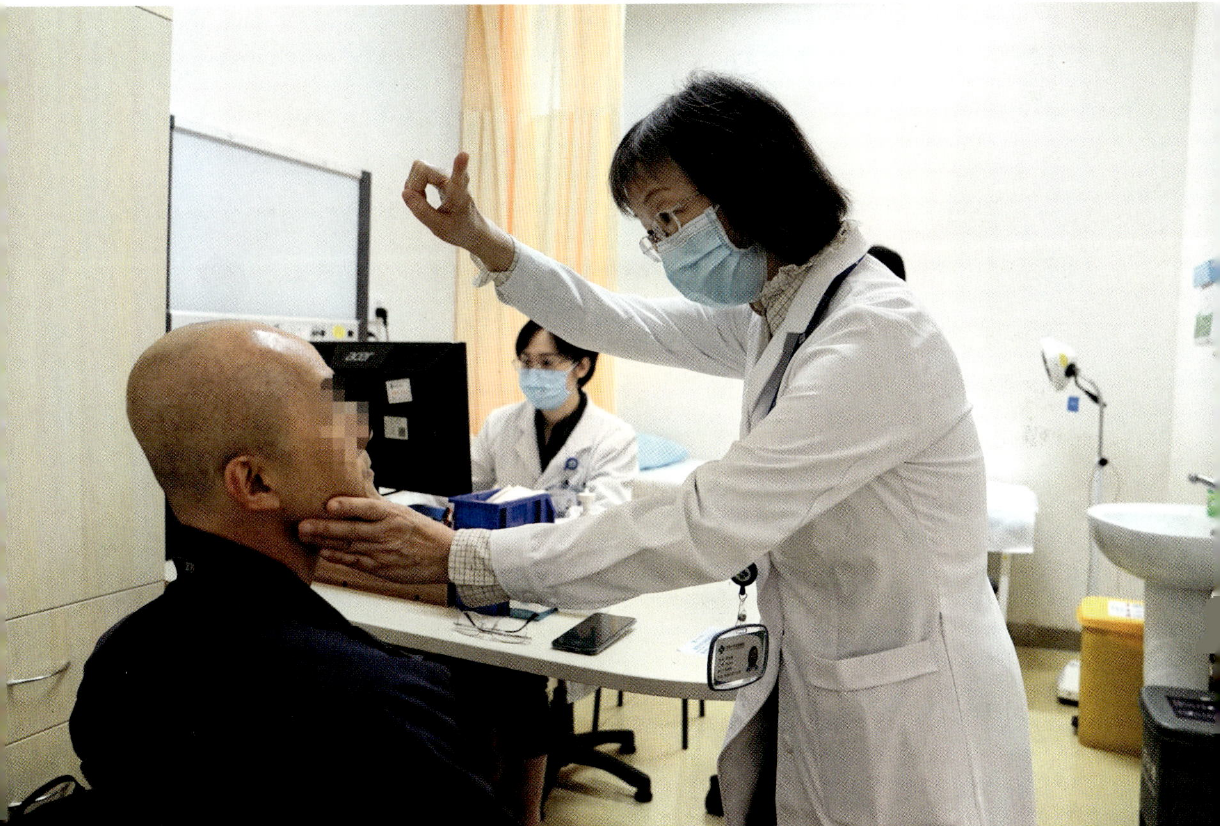

李咏梅教授为“香港医管局在粤患者复诊治疗服务香港大学深圳医院支援计划”肿瘤患者看诊。受访者供图

深圳市卫生健康委员会数据显示，已有 96 名港籍、6 名澳籍医师取得《医师执业证书》并在深圳长期执业，累计办理港澳医疗人员赴深圳短期执业注册 392 人次。

同时，在内地培养与港澳接轨的专科医师的培训体系也逐步成型。2019 年 7 月 2 日，“深港医学专科培训中心”正式挂牌成立，中心依托香港大学深圳医院建立，借鉴香港经验，并与内地实际情况相结合培养人才，实现跨区域协同效应。

共 47 名全科医师参加住院医师全科专业师资培训，14 名学员在香港医学专科学院导师指导下接受培训。作为学员，李济时在内地医院工作 4 年之后，来到香港大学深圳医院，她希望能从平台中获益，继续提升。

“在接诊患者时，我们会主动去思考患者的需求与顾虑，权衡不同治疗方案，与导师讨论后，向患者及家属反馈并与之共同决策，再密切跟进治疗计划的疗效与副反应，给予支持治疗并对病例进行总结和反思。接诊的是一位医生，但帮助患者的是由资深顾问医生带领下的团队。”李济时说。

《粤港澳大湾区发展规划纲要》明确提出，塑造健康湾区，密切医疗卫生合作。广东、香港、澳门三地达成了《粤港澳大湾区卫生与健康合作框架协议》，并签署了《粤港澳大湾区卫生健康合作共识》，合作不断深入，合作机制不断完善。

时任深圳市卫生健康委员会体改和基层处处长李创认为，塑造健康湾区，当前的重点工作是要建立健全医疗服务跨境衔接机制，促进粤港澳医疗卫生行业管理规则衔接、机制对接，方便港澳居民在内地看病就医，为港澳医疗卫生服务提供主体来内地办医提供便利。

一批医疗合作项目加速落地生根。深圳市妇幼保健院联合香港大学牙医学院建立“粤港澳大湾区妇幼口腔健康精准防治研究及转化平台”，制定大湾区育龄妇女、孕妇、儿童健康管理建议指南，为妇女、儿童口腔健康的卫生预防政策制定提供科学依据和计量数据。

深圳市第二人民医院康复医学中心与香港城市大学、澳门大学、华南理工大学、中山大学等高校合作，共同开展包括踝关节康复机器人、脑卒中量化评定系统在内的精准康复医工结合技术研究。

“为开展健康湾区建设，广东正积极建立健全粤港澳大湾区卫生健康合作平台机制，与香港、澳门共同打造湾区医疗卫生高地。”广东省卫生健康委员会负责人说。

（白瑜）

04 大湾区内地居民用上港澳上市药物

2021 年 4 月，怀孕 28 周的杨女士在香港大学深圳医院接受了抗 D 免疫球蛋白注射液注射，成为“港澳药械通”首个获批药物的第一位受益者。这标志着“港澳药械通”政策正式落地，粤港澳大湾区的内地市民已可用上在港澳上市的药物。

2024 年 8 月 30 日，晚霞映照下的深圳湾（无人机拍摄）。新华社记者梁旭摄

同时，首个获批的医疗器械“磁力可控延长钛棒”已运抵这所医院，并接受患者预约。这一器械可供严重脊柱畸形的少儿脊柱矫形使用。另外，第二批用于治疗肺癌、淋巴癌、重度慢阻肺的 4 种药物也已通过专家审评，即将取得进口批件。香港大学深圳医院对所有药物和医疗器械按“一物一码”方式管理，方便核查来源、数量、存储仓位、流向、用药患者等信息，确保安全到位。

2020 年 10 月发布的《深圳建设中国特色社会主义先行示范区综合改革试点实施方案（2020—2025 年）》，支持深圳实施综合授权改革试点；2020 年 11 月印发的《粤港澳大湾区药品医疗器械监管创新发展工作方案》，明确“港澳药械通”政策坚持“分步实施，试点先行”的原则，先期以香港大学深圳医院为试点，在取得阶段性进展后再逐步扩展至其他符合要求的医疗机构。

时任香港大学深圳医院院长卢宠茂表示，“港澳药械通”政策最终目的是希望大湾区可做到医疗卫生同质化、一体化，并将对内地的医药医疗水平发展起到助推作用。

（白瑜）

05 “空中 120”航空医疗网络来了

当有人病情急重，但道路严重拥堵，或有人在野外特殊地形突发急症，救护车无法抵达，怎么办？也许电话呼叫“飞的”会成为一个救命的选项。深圳 2019 年 11 月 22 日启动“空中 120”航空医疗救援网络，打造空地一体化应急救援体系，以提升紧急突发事件响应能力。

据悉，航空医疗救援是地面 120 急救的有效延伸，在抢险救灾、危重患者远途转运、重大事故医疗救援快速反应等方面具有独特优势。深圳“空中 120”航空医疗救援网络启动，标志着由急救中心牵头、120 网络医院和航空公司共同参与，有方案、有规划、有管理、有监督的直升机紧急医疗救援网络形成。

首批加入航空医疗救援网络的 8 家医院，包括深圳市第二人民医院、北京大学深圳医院、中山大学附属第七医院、深圳大学总医院等。

深圳市卫生健康委员会负责人表示，对急救领域来说，急危重症的救治最重要的就是时效，航空救护涉及医疗、交警、民航管理、保险等多个

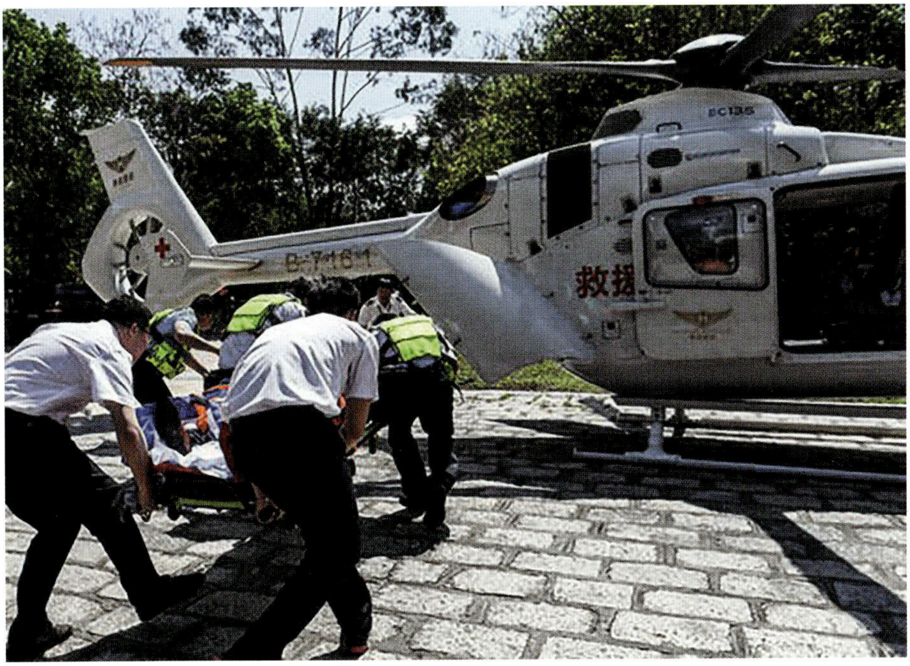

深圳市第二人民医院等单位进行航空医疗救援演练。新华社记者毛思倩摄

部门，需要体系内信息互通、资源共享、相互促进。深圳将积极探索建立空地一体化的应急救援体系，推进深圳市航空医疗救护体系建设，提升紧急事故的应急救援能力。

（白瑜）

06 居民关键健康指标持续改善

健康深圳行动推进委员会办公室 2024 年 8 月 8 日发布《深圳市居民健康白皮书（2023 年度）》，反映了深圳居民主要健康状况和城市的健康保障。一串"健康密码"让人眼前一亮：截至 2023 年底，全市共安装自动体外除颤器（AED）4.3 万余台、居民健康素养达到 49.84%，全市免疫规划疫苗报告接种率均达 95% 以上。

核心健康指标持续改善　卫生健康事业优质稳步发展

根据《深圳市居民健康白皮书（2023 年度）》，深圳市核心健康指标持续向好并优于全国平均水平。深圳市孕产妇死亡率、婴儿死亡率、五岁以下儿童死亡率、居民健康素养水平分别为 2.69/10 万、1.12‰、1.47‰、49.84%。

深圳积极推进医疗卫生高地建设。2023 年，深圳市继续引进高层次医学团队 37 个，总数达 170 个；新增 2 家国家临床重点专科，总数达 20 家；拥有 7 家广东省高水平医院建设单位，全市共 32 家三甲医院。

深圳坚持健康服务提质扩容。截至 2023 年末，全市共拥有医疗卫生机构 5431 家，社康机构 926 家，医院 159 家，床位 69877 张。

公共卫生服务持续高质量供给

深圳市基本公共卫生服务维持高水平。7 岁以下儿童健康管理率达 99.53%，孕产妇产后访视率达 98.03%，老年人健康管理率达 81.18%，均较 2023 年有所增长。

深圳市不断完善重点人群健康服务。2023 年，完成子宫颈癌筛查 75.3 万人，65 岁及以上老年人健康体检 51.54 万人，残疾人基本康复服务覆盖率达 99.86%，提供新生入学肺结核筛查、中小学生健康体检、二年级小学生六龄牙免费窝沟封闭、中小学生免费接种流感疫苗、儿童青少年近视筛查、青少年脊柱侧弯筛查、初一女生免费接种 2 价 HPV 疫苗健康服务全覆盖，切实推进“健康深圳”建设重点突出。

深圳市扎实开展公共场所医疗急救服务工作。全市共安装自动体外除颤器（AED）4.3 万余台，截至 2023 年底，安装在公众场所的 AED 已累计成功救治 83 人。

深圳市持续推进血液应急保障工作。截至 2023 年底，全市无偿献血人次超过 572 万，救助临床患者人次超过 186 万。

全方位、多维度促进居民健康发展

深圳市致力创建无烟城市，15 岁及以上成人吸烟率为 16.9%，提前实现健康中国行动控烟行动 2030 年的目标。

深圳市持续引领全民健身，推进体卫融合，全年提供公益体质测试并出具运动建议 9 万余人次，较上年增加 38%。

深圳市努力构建心理健康服务体系，开展心理健康宣传活动 12000 余场；接听心理援助热线 10 余万人次。

深圳市高效推进公共卫生服务覆盖，强化慢病综合防控效果。全市社康对 18 岁及以上居民提供诊前免费血压测量服务，筛查达 360.27 万人次；高血压患者管理数量达 75.63 万例，管理Ⅱ型糖尿病患者 32.26 万人。优化综合防控举措，深入推动传染病及地方病防控。全市免疫规划疫苗报告接种率均达 95% 以上；在全市 9 个行政区开展地方病防治工作，巩固全市地方病防治成果，持续消除地方病危害。

（白瑜）

07 全科医生不唯手术论英雄

深圳市宝安区人民医院大浪社康中心的邱医生是全科医生，除了看病，解决居民的“头痛脑热”、发现危急重症及时转诊之外，她还承担妇女保健、儿童保健、老年健康体检、慢病管理等基本公共卫生工作和提供家庭医生服务。

作为国内新兴的一个医生类别，全科医生的定位是居民的健康“守门人”。所以，像小邱这样的社康中心全科医生，要管的范围非常宽，除了要治病，还要管好居民健康，做好公共卫生服务。

然而，他们都遇到了一个共同的困惑：做得很宽，考核却很“窄”。2020 年前，我国对全科医生的考核还是沿用“别人家”的专科医生的老办法，跟专科医生比专科能力，其他的活，比如健康管理，你做得再好，也不在考核范围，很多全科医生感觉很“受伤”。

这样的困境，在深圳率先破局。

2020 年 12 月，深圳市卫生健康委印发了《深圳市全科医师管理办法》，为全科医生划定了自己的职业“跑道”，执业管理、继续教育、能力考核、职称评审等都有独立的体系。

打破全科医师发展“短板”

我国全科医学发展起步晚，全科医师短缺，全科医师管理制度不健全。因此，各地出台不少措施，完善全科医师政策体系和管理制度。在深化医改的过程中，深圳也出台了一系列帮助全科医学人才发展的政策措施，比如开展全科医师规范化培训，对新聘用到社康机构工作的规培毕业生安排生活补贴，打破了基层医疗卫生机构全科医师聘用高级职称的职数限制等，取得了一定的效果，但依旧存在不足。

“比如，我们尚未建立以能力建设为核心的全科医生继续教育和专业技术能力评价制度。全科医师执业注册后，对其继续教育、能力评价方面的管理工作跟不上，导致‘注而不管’，注册完了之后没有人管，激励约束不强。全科医师继续教育课程、继续教育方法以及能力评价内容、评价方式与其承担的居民健康管理服务职责不匹配，引导作用不强。”时任深圳市卫健委体制改革和基层健康处处长李创表示。

2020 年，深圳全市共有注册全科医师 5378 人，其中，在社康中心执业的全科医师有 4378 人。全科医师和专科医师的执业范围有很大区别，评价专业技术能力时，却要在同一个赛道上比拼。职称评审时，全科医师也是以看病为主，其承担的居民健康管理服务工作却没有考虑在内，这样很难引导全科医师持续提升职业发展和居民健康管理水平。

基于这些弊端，深圳希望通过制定《深圳市全科医师管理办法》，建立覆盖全科医师执业全周期的管理制度，明确全科医师能力要素和职业发展路径，创新全科医师继续教育管理，改革全科医生专业技术评价方式，促进全科医师持续提升专业素养和技术能力，打造全科医学高地。

考核全科医生不唯看大病论英雄

《深圳市全科医师管理办法》是国内首部全科医师管理办法，根据该《深圳市全科医师管理办法》，深圳将在全国率先组织成立全科医学专家委员会，为全科医师发展做好“顶层设计”。

全科医学专家委员会的职责主要是三方面：为市卫生健康部门建立完善全科医师管理制度和政策以及制定继续教育课程规范、全科医师能力评价标准提供决策咨询服务；为市卫生健康能力建设和继续教育机构组织的全科医师专家点评提供专业支持。

根据《深圳市全科医师管理办法》，深圳改革了全科医师的岗位管理和绩效考核内容，除了完成基本医疗服务的数量与质量，还纳入健康管理服务范围的居民数量与健康管理质量、完成的基本公共卫生服务数量与质量、服务对象的满意度等，让全科医师不唯看大病、做手术论英雄。社区健康服务机构及其举办医院将根据全科医师绩效考核结果核定其薪酬。

《深圳市全科医师管理办法》也建立了全科医师专业技术能力评价体系，明确了 3 大方面共 15 个指标，除了完成诊疗工作、基本公共卫生服务、居民健康管理外，还加入了全科医师开展科研、教学、参与全科医学管理事务、开展全科医学管理服务创新项目等指标，引导全科医师不断提升职业能力，成为全科医学领域的“业界大咖”。

投诉多将影响信用管理记录

除了帮助全科医生发展，还要做好管理和监督。根据《深圳市全科医师管理办法》，市卫生健康部门将建设全科医师执业管理信息化平台，建立全科医师执业全周期的个人执业管理电子档案。

全科医师执业管理电子档案主要内容包括个人基础信息；医学院校教育、毕业后教育、继续教育以及技能考核等教育信息；执业注册、定期考核、职称评审、专业技术能力评价（含所有要素及其评价结果）等执业资质水平信息；用人单位岗位聘用、管理、考核等单位管理信息；参加全科医学教学、科研、学术交流、全科医学管理服务创新项目活动等信息；信用管理记录以及医德医风等执业管理信息。

此外，市卫生健康部门还将建立完善全科医师信用监管制度，当全科医师出现编造虚假居民电子健康档案和虚假服务记录；因违法执业行为被行政处罚或者记分的；被多名服务对象或者反复多次被同一服务对象投诉举报并查证属实的；不履行健康管理服务职责，情节严重的，将被纳入其信用管理记录。

有“罚”也有奖。《深圳市全科医师管理办法》规定，市、区卫生健康部门要建立全科医师荣誉激励制度，对长期扎根基层、做出突出贡献的全科医师，给予表彰奖励，在推荐医疗卫生人员享受各级政府特殊津贴和各级杰出专业技术人才、先进工作者、五一劳动奖章、优秀共产党员等评选中，在同等条件下应当优先推荐或者评选全科医师。

华中科技大学同济医学院公共卫生学院教授卢祖洵认为，《深圳市全科医师管理办法》充分考虑了执业注册与执业管理、能力建设与继续教育、职称评审与能力评价、执业档案、监督管理等多个方面，为深圳市加强全科医师队伍建设与管理，促进全科医师持续提升专业素养和技术能力提供了依据。

（白瑜）

08 打造中国版国际医院评审认证标准品牌

深圳市卫健医院评审评价中心 2024 年 9 月 1 日在前海国际人才港举办了正式入驻前海仪式，并与海南省卫健委签订战略合作框架协议。

探索建立与国际接轨的医院评审认证标准体系

“三级甲等”是国内医院评审标准的最高级别，在老百姓眼中，“三甲”就是医院的金字招牌。出于与境外医院开展业务交流、接受国际商业保险支付等需要，很多医院也渴望获得“国际版”的高水平医疗标准认证。过去，中国医院更多的是通过参加美国 JCI、澳大利亚 ACHS 等国际评审，寻求全球认可。

2019 年党中央、国务院发布《关于支持深圳建设中国特色社会主义先行示范区的意见》，2020 年中共中央办公厅、国务院办公厅发布《深圳建设中国特色社会主义先行示范区综合改革试点实施方案（2020—

2025 年）》，均提出了探索建立与国际接轨的医院评审认证标准体系的改革任务。

在国家卫生健康委、广东省卫生健康委的大力支持下，在深圳市卫健委的指导下，2020 年 12 月非营利性的第三方评审评价中心——深圳市卫健医院评审评价研究中心成立，吸纳国内外资深认证专家，组建评审专家库，对标国际通行规则，融合国内评审实践，编制《国际医院评审认证标准（中国）》。

“三甲”国际化深圳输出中国软实力走向国际

《国际医院评审认证标准（中国）》源于香港大学深圳医院“一院两制”的成功实践。作为公立医院改革和深港医疗合作的先锋，该院是内地首家通过 ACHS 认证与三甲评审双认证的医院。该院的香港专家对比发现，国内的三甲评审标准在医疗质量和安全的要求等方面甚至更加细致严苛，三甲评审完全可以在融入部分国外优秀做法的基础上获得国际认可，由此萌生了“三甲”国际化的想法，并得到了省、市及国家的支持。

2022 年 2 月，《国际医院评审认证标准（中国）》以 97% 的得分率获得国际医疗质量协会外部评审会（ISQua EEA）的权威认证，成为全国首个经国际认证的医院评审标准，同年在深圳前海发布，作为全国第一个国际版“医院标准”，是中国医院走向国际的“桥梁”。

2023 年 3 月，《国际医院评审认证标准（中国）》首批医院评审认证正式启动，中山大学附属第一医院、香港威尔斯亲王医院、南方医科大学深圳医院等全国 13 家涉及粤港澳台的医院宣告参加评审认证，其中 4 家医院来自香港。

《国际医院评审认证标准（中国）》按计划“落地”，2024 年 6 月，

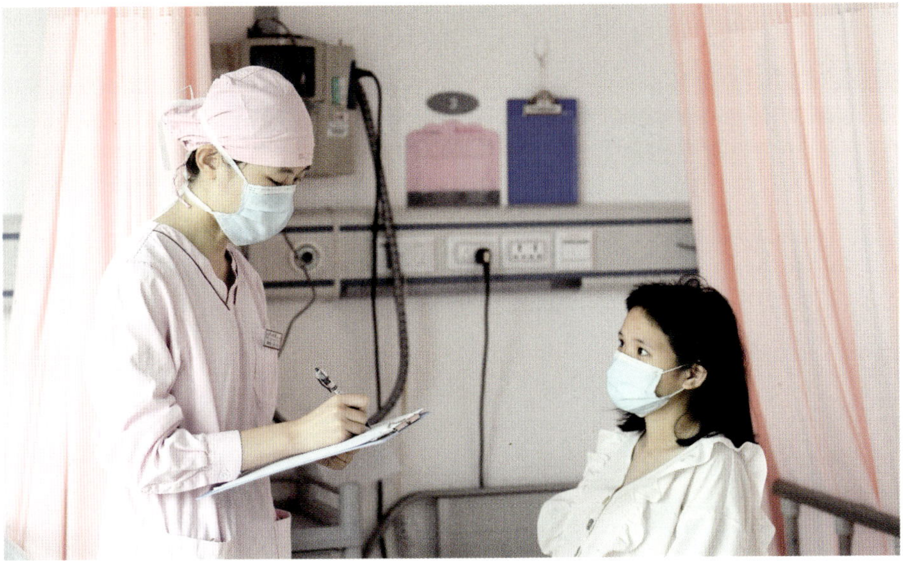

2020 年 5 月 9 日，妇产科病房护士与孕妇交流。新华社记者邓华摄

南方医科大学深圳医院、广州市第一人民医院、香港大学深圳医院 3 家医院“拔得头筹”，率先通过认证。认证有效期为 4 年，意味着每 4 年要“复审”一次，强调持续改进。

获得认证的医院，与境外医疗机构开展业务交流将更加方便，而最“立竿见影”的好处，是可以获得国际商业保险机构认可，在与相关保险公司达成合作后，购买了国际保险的客户可直接在医院“刷商业医保”看病。

提升“中国标准”品牌影响力

2024 年 9 月 1 日，在深港嘉宾的见证下，评审评价中心与海南省卫健委签订了战略合作框架协议，将与海南省卫健委携手探路，加快推进海南省各医院通过国际认证，提升海南省整体医疗服务水平，同时也扩大标准在国内外的影响力。

评审评价中心经过3年多努力，初步实现了3个国际化，即标准国际化、评审员培训认证国际化、机构管理认证国际化，2023年3月，中心获国家卫健委授牌“国际医院评审认证标准研究试点单位”。2024年4月，评审员培训项目高分通过IEEA认证，8月31日，中心启动第三批评审员专题培训，来自全国各地（包括香港地区）约80名评审员参与培训，着力打造一支掌握国际医院评审规则、精通专业技术的职业化人才队伍。

入驻前海之后，评审评价中心将充分依托前海作为国家重大战略平台的政策优势，积极探索开展与国际接轨的医院评审认证服务，并以医院质量评审认证为基础，持续推进前海深港澳医疗合作交流，助力前海加快实现医疗服务跨境衔接“标准通”。

评审评价中心的中长期发展规划将逐渐迈向全球，包括健全认证体系，贯通中西文化，促进评审专业化、同质化、国际化，孵化分支机构，在香港成立办事处，举办区域性的学术大会，邀请“一带一路”国家共同探讨质量安全与国际认证问题，将带有中国印记的医院评审认证标准推向世界，提升中国医疗的软实力，打造中国医院评审认证标准品牌。

（白瑜）

09 “罗湖医改模式”深圳全面“开花”

医疗联合体建设是提升基层能力、促进分级诊疗的有效途径。深圳在全国率先进行“基层医疗集团”改革探索。2015 年 8 月，深圳以罗湖区为试点，启动以行政区（功能区）为单元的医疗机构集团化改革。两年的实践，“强基层、促健康”方面初显成效，于 2017 年 6 月入选国家“深化医改重大典型经验”。

2017 年深圳已开始全面推广罗湖模式，明确提出在全市各区（新区）至少建立一家基层医疗集团，全市已有 8 个区共建立了 11 家基层医疗集团。

医联体怎么建？国务院医改办在深圳召开全国医联体建设现场推进会，进一步落实国务院办公厅《关于推进医疗联合体建设和发展的指导意见》，总结全国医联体建设工作进展情况，现场交流和推广深圳市罗湖区、安徽省天长市以及其他典型地区工作经验，以点带面，推进全国医联体建设工作取得实效。

风向：国家力推医联体建设

分级诊疗制度是五项基本医疗制度之首，是整个医疗服务体系、服务模式和就医秩序的一项基础性、长远性、系统性的制度。

我国优质医疗资源总量不足、结构不合理、分布不均衡，大城市、大医院资源集中，而基层相对薄弱的状况，已经成为分级诊疗乃至整个医改很大的制约。开展医疗联合体（简称医联体）建设，是国家深化医改的重要步骤和制度创新，有利于调整优化医疗资源结构布局，促进医疗卫生工作重心下移、资源下沉，提升基层服务能力，有利于医疗资源上下贯通，提升医疗服务体系整体效能，更好地实施分级诊疗，满足群众健康需求。

国家力推医联体建设，要求 2017 年各地全面启动多种形式的医联体的建设试点，三级医院要全面参与并发挥引领作用，综合医改试点省份每个地市以及分级诊疗试点城市至少建成一个有明显成效的医联体。探索对纵向合作的医联体等分工协作模式实行医保总额付费等多种方式，引导医联体内部初步形成较为科学的分工协作机制和较为顺畅的转诊机制。到 2020 年，在总结试点经验的基础上，将全面推进医联体建设，形成较为完善的医联体政策体系。

从各地的实践来看，医联体建设主要有四种模式：一是在城市主要建设医疗集团，二是在县域内建设医疗共同体，三是跨区域组建专科联盟，四是在边远地区发展远程医疗协作网。

探路："罗湖模式"入选国家医改典型

2015 年 8 月，深圳以罗湖区为试点，启动以行政区（功能区）为单元的医疗机构集团化改革。罗湖改革试点分三步路径进行实施：

第一步，整合区属5家医院和23家社康中心，成立唯一法人的罗湖医院集团，实现“人员编制一体化、运行管理一体化、医疗服务一体化”的“管理共同体”，实现有限医疗资源效用最大化，促进医疗卫生资源上下贯通，构建整合型医疗卫生服务体系，为辖区居民提供院前预防、院中诊疗、院后康复的全程医疗健康服务。而政府和医院建立了权责清晰的“责任共同体”。

第二步，做强社康中心。整合后的罗湖医院集团将工作重心和优质资源下沉，并建立财政补助、收费价格激励引导机制，形成了以家庭医生签约服务为纽带、以居民健康为中心的“服务共同体”。

第三步，对医保基金管理方式进行突破性改革。通过“总额管理，结余留用”的方式，由“保疾病”转变为“保健康”，更让政府、医院、医生和患者形成“利益共同体”：医院只有努力做好居民健康服务，让居民少得病、少生大病，才能控制好医疗卫生服务成本，用最少的医疗卫生投入获得居民最大的健康回报。

改革两年多来，“罗湖模式”试点正在逐渐破解社康“缺医少药”“检查不方便”“只签约不服务”“重医轻防”“医养分离”五大难题，初步实现了社康中心能力、预防保健能力、患者满意度、医务人员收入“四提升”和医院运营成本、居民就医成本“两下降”。“强基层、促健康”的医改目标成效初显。

推广：城市两级服务体系雏形初显

深圳规划在全市各区（新区）至少建立一家基层医疗集团，构建“上下贯通、防治结合”整合型医疗卫生服务体系。截至2017年10月，全市已组建 11 个基层医疗集团，基本实现行政区（功能区）全覆盖。

在医疗资源结构布局上，深圳全面理清医疗卫生机构的功能定位，在全市规划布局 15 家基层医疗集团和 17 家综合性区域医疗中心，构建“区域医疗中心 + 基层医疗集团”两级医疗服务体系。

基层医疗集团主要承担区域内的基本公共卫生、基本医疗和家庭医生服务。区域医疗中心则承担疑难复杂病症的诊疗服务、医学人才培养、重点学科建设、重大医学科技攻坚等任务。

为了促进优质医疗资源上下贯通，政府从财政补助、医疗收费和绩效考核等方面综合施策，引导区域医疗中心与基层医疗集团建立专科医疗联盟，通过派遣专家、专科共建、业务指导等方式，支持基层医疗集团提高技术水平。截至 2017 年 10 月，全市已经建成运行心血管、眼外科、康复、脑卒中、胸痛、精神卫生、儿科等 7 个专科医疗联盟。

全市二、三级公立医院全部设立专责机构，负责协调双向转诊工作，落实“四个优先”：即基层医疗集团内各医院将专科号源优先配给社康中心，对社康中心上转的病人实行优先接诊、优先检查、优先住院，将出院病人下转至社康中心，由其负责跟踪随访。

为了促进基层医疗集团防治结合，将逐步把基层妇幼、慢性病、老年病等“预防、治疗、管理”相结合的医疗卫生机构纳入基层医疗集团，引导公共卫生机构主动融入基层医疗集团服务，实现“医防融合”。制定医疗机构公共卫生服务责任清单、基本公共卫生服务清单、公共卫生机构目标任务清单，整合预防保健、临床诊疗和康复护理服务链条，为市民提供全方位、全周期的卫生与健康服务。

以基层医疗集团为主要形式的紧密型医联体建设，正在逐步改变基层服务长期薄弱、基本医疗卫生服务公平性和可及性不高、医疗卫生资源重复配置、医疗服务碎片化等弊端，推动了医疗卫生资源的横向整合、纵向

2024 年 9 月 19 日，深圳市罗湖区深南大道风光（无人机拍摄）。新华社记者毛思倩摄

流动、优质资源的均衡布局，初步实现了“强基层、促健康、降成本”的改革目标。

深化：深圳发布改革“路径图”

基层医疗集团如何组建、运行？2017年8月13日，深圳以政府规范性文件的形式发布了更为具体的“路径图”，一份《深圳市人民政府办公厅印发关于推广罗湖医改经验推进基层医疗集团建设若干措施的通知》，对基层医疗集团的功能定位、治理机制、考核制度，以及人事薪酬改革等事项提出了具体意见和措施。

该通知明确，基层医疗集团的功能定位是“强基层、促健康”，以推动医疗卫生服务由“以医院为重点”向“以基层为重点”转变、由“以治病为中心”向“以健康为中心”转变。

为实现此目标，深圳要以医疗卫生资源共享和下沉为纽带，以财政补助、医保支付和医疗收费机制为引导，以家庭医生签约服务为载体，推动基层医疗集团建设和发展。

在组织形式上，基层医疗集团由三级综合医院牵头，整合社康中心和其他医疗卫生机构，集团内各医疗卫生机构的功能错位配置，分工合作，推行医院—社康中心一体化运作。

在治理机制上，区政府负责组建基层医疗集团理事会（或管理委员会），代表区政府履行举办基层医疗集团的职能，理事长由同级区政府主要负责同志担任。将辖区卫生行政部门从对公立医院微观事务管理中脱离出来，突出加强行业规划、市场准入、标准制定等全行业监管职能。

在管理机制上，着力转变政府职能，政府加强方向、政策等宏观管理和医疗行为、费用的监管，减少对基层医疗集团内部微观事务的管理。

基层医疗集团实行理事会领导下的院长负责制，在内部人事管理、机构和岗位设置、绩效考核、薪酬分配、副职推荐、中层干部任免、年度预算执行等方面享有自主权。

在考核制度上，理事会负责每年对基层医疗集团运营情况进行考核，社康中心诊疗量占比、双向转诊比例、居民健康改善等列为重要考核指标，考核结果向社会公开，并与财政补助、医保支付、工资总额以及院长的薪酬待遇、职务任免挂钩。

在人事编制上，基层医疗集团要逐步转变编制管理方式，实行人员总量管理，建立以岗位管理为核心的全员聘用制度，实现“以事定费、以事定岗、按岗聘用”。

在薪酬分配上，基层医疗集团要建立薪酬分配向有利于引导医务人员向基层流动、向基层医务人员倾斜的基层医疗集团薪酬制度。在绩效工资分配上，重点向临床一线、业务骨干、关键岗位、做出突出成绩的人员倾斜，向家庭医生服务团队、全科医生和进驻社康中心专家等基层医务人员倾斜。

在激励机制上，深圳要通过完善医保、价格、财政等综合手段，激励和引导基层医疗集团主动下沉资源，做强社康中心，提高基层服务水平，开展家庭医生服务，做好预防保健和分级诊疗工作。如在基本医疗服务财政补助方面，逐步降低或取消三级医院门诊补助标准，提高其住院补助标准，同步将社康中心的门诊补助标准提高到 40 元 / 人次以上并实行动态调整，引导医院主动向社康中心分流普通门诊。将社康中心的收费标准比三级医院下调 20%，让群众到社康中心就医得实惠。

在医保基金方面，推广“总额管理、结余留用”，即以上一年度家庭医生签约参保人医保基金记账总额，加上约定年度根据全市人均医保基金增长率计算的医保基金增量支出为基数，年度清算时，若签约参保人本年度实际发生的医保基金记账总额小于上一年度基数，结余部分由基层医疗集团留用。

收费制度方面，逐步推广“打包收费”，按人次、按床日和按病种收费，促进基层医疗集团主动控制医疗服务成本。

（白瑜）

10 医改挺进“深水区”有了法律保障

历经两年四审，《深圳经济特区医疗条例》（以下简称《条例》）于2022年8月25日经深圳市人大常委会表决通过，并于2023年1月1日起实施。作为我国首部地方医疗基本法规，《条例》被寄望于为医改挺进“深水区”提供法律保障和支持。

这部旨在推动医改、固化医改成果、规范医疗执业行为，改善医患关系的特区法规，首次将医疗机构明确为“公共场所”，规定全部病历向患者公开，并授权二三级医院限制接诊等，一系列大胆的制度创新，引发社会的广泛关注。

实行门诊限号有利于降低医疗风险

出于对基层医疗水平的不信任，且大医院与基层医疗机构在门诊收费方面相差不大，患者习惯了无论大病小病都往大医院跑，导致基层医疗资源闲置而大医院人满为患。为了建立合理的就医秩序，医改的一个主要思路就是推进分级诊疗制度的建设，引导医疗卫生工作重心下移、资源下沉。

而深圳医疗条例则走得更远，不仅通过立法明确不同层级医疗机构的职能，而且规定二、三级医院可以适当限制接诊非急诊、非转诊患者，同时门诊医生还可以限号。这意味着，以后看个普通的发热感冒也要去大医院的行为，可能会受到一定的限制。

《条例》规定，医疗机构可以根据门诊医生类别和专业特点安排每日接诊患者的人数，以保障患者的就诊时间。门诊医生接诊量的指导标准将由市卫生行政主管部门另行制定。市卫健委相关负责人表示，当前各大医院人满为患，一个医生一天看 100 多个病人是常有的事，医生长期超负荷工作，病人就诊时间短，间接造成医患关系紧张。

“到大医院看病，排上半天队，问诊过程却只有匆匆几分钟，患者体验不好，医疗质量得不到保障，也增加了医疗风险。”市卫健委相关负责人指出，实行门诊限号，实际上对医患双方都有利。患者排队的时间可能增加了，但换来的是更加安全细致的医疗服务。

“《条例》规定二、三级医院可以根据市卫生行政部门的指导意见适当限制接诊非急诊、非转诊患者，并不意味着所有的二三级医院都必须限制接诊”市卫健委相关负责人强调，这是一个授权性而非强制性的规定，目的是为将来推行二三级医院实施限制接诊提供法律上的依据。

限制接诊导致看病更难？有多项配套制度

在医疗资源紧张的情况下，限制接诊会不会导致看病更难？对此，市卫健委相关负责人指出，这就要求相关配套措施要跟上，一是加强社康中心的标准化建设，完善医疗设施、药物与人员的配置，让社康中心“接得住”；二是健全与分级诊疗相衔接的医保费用差别支付制度，通过经济杠杆引导患者到基层医疗机构首诊。《条例》对此均有相应的制度安排。

一方面通过引导措施让患者“愿意去”基层首诊；另一方面，也要采取反激励措施让二、三级医院主动减少门诊量。据透露，未来深圳要降低大医院的普通门诊补助，同时提高住院、疑难危重病症类等的补助标准，让二三级医院主要承担急诊、住院、疑难危重病症的诊疗服务以及医学科学研究教学工作等。

降低大医院普通门诊补助标准，会不会导致医院动不动就安排患者住院？市卫健委相关负责人表示，二三级医院减少普通门诊后，其收治的住院病人将主要是从基层医疗机构转诊上来，基层医疗机构有能力诊治的常见病、多发病自然不会转诊上来；同时，我市将全面推行罗湖区医保总额付费、结余奖励的医保政策，省下来的医保费用会反馈给医院，这样医院和患者的利益就能保持一致。对过度医疗问题，卫生行政部门和社保部门也将继续加强监管。

此外，《条例》还规定，签订服务协议后，医疗机构可以安排卫生技术人员为患者提供家庭医生服务，并授权市卫生行政主管部门制定具体办法。这就为“家庭医生”模式确立了法律上的依据。同时，为了解决医疗资源不足的问题，《条例》还采取多种措施鼓励社会办医。通过以上多项举措，可以合理地分流病人。

医疗机构明确为“公共场所”，保障力度更大

随着医患纠纷增多，扰乱医院秩序的事件频频发生。不利于维护医院的诊疗秩序与患者正常的就医权利。根据《企业事业单位内部治安保

卫条例》，医疗机构属于内保单位，未作为公共场所管理，在保障力度上有所欠缺。此次《条例》明确规定，医疗机构执业场所是医疗机构提供医疗服务的公共场所。

“公共场所”与“内保单位”有什么区别呢？按照《治安管理处罚法》对扰乱公共秩序的规定，对“内保单位”实施处罚必须是“扰乱秩序，致使工作、生产、营业、医疗、教学、科研不能正常进行”；而对“公共场所”则只需构成“扰乱”，无须其他附加条件，即可实施处罚。

以往，公安机关将医疗机构按照内保单位看待，没有作为公共场所管理，不利于预防和打击医闹、医暴等违法犯罪行为。现在，《条例》明确规定医疗机构属于公共场所，并要求公安机关应当维护医疗机构治安秩序，预防和打击侵害医务人员和医疗机构其他工作人员、患者人身安全以及扰乱医疗机构正常秩序的违法犯罪行为。

患者要求复印病历 医院六小时内应提供

在保障医生执业权利的同时，《条例》对患者的权利也给予了大力保障，尤其引人注目的是，《条例》要求医疗机构必须在规定时间内向患者公开全部病历。

医患纠纷的产生，很多时候源于医患双方信息的不对等，患方常常怀疑抢救记录、病程记录等按照现行有关规定医疗机构不是必须向患方公开的主观病历资料遭到医疗机构篡改。为解决这一矛盾，《条例》明确，患者或者其代理人有查阅或复印、复制病历的权利，医疗机构应当在正常工作时间六小时内提供。

据介绍，患者有权复印的病历包括客观病历，也包括主观病历，这既保障了患者的知情权，也有利于规范医疗行为与病历书写。“实际上，一旦医疗纠纷走入司法程序，医院要证明医疗行为的合规性，也必须公开所有病历，那为什么不在一开始就公开呢？”不公开只会增加患者对医院的不信任，因此《条例》对此做了强制性规定。

（白瑜）

11 住院医保支付方式改革为群众减负

2025 年 7 月 4 日，深圳召开医保数据定向发布会，现场公布的一组组数据充分展现了这场改革的民生温度：2024 年深圳基本医保参保人数达 1735 万，位居全省第一；患者次均住院医疗费用同比下降 3.25%，有效减轻就医负担；手术和治疗费用同比增长 10.35%，更加体现医务人员劳动价值；向医疗机构累计拨付 24.5 亿元医保预付金，为医疗机构注入“源头活水”。

2023 年以来，深圳医保在全市全面推行按病种分值付费（DIP）改革，通过将国家框架和本地实际相结合，构建起统一、公平、合理的住院医保支付方式，助力群众就医负担持续减轻、医疗服务质量不断提升、医保基金使用精准高效。

引导医院合理诊疗，为群众省下真金白银

DIP 付费是一种打包付费机制，通过一种疾病诊断和一种治疗方式的

2010 年起，深圳全市 625 家社康中心实行药品“零加成”。新华社记者卢汉欣摄

历史数据，测算出一个病种的治疗费用，引导医院在预算费用内合理规范诊疗行为，低于预算费用的按一定比例奖励医院，超出部分进行合理分担，解决过度检查、过度开药等问题。

“为适应改革，医院主动向‘精细化管理’模式转变，不断优化诊疗行为，主动化解群众看病贵难题。”市儿童医院医保科负责人说。

“例如，针对扁桃体和腺样体慢性病，医院组织专家对治疗方案进行了改进，将术前检查和评估提前在门诊完成，患者住院时间减少至 1 天；并且在保证同样治疗效果的前提下，将原本约 3000 元的高值耗材替换为 900 多元的耗材，性价比更高、治疗费用也由 1.4 万元降至 9000 多元。”刘红艳表示，患者就医负担有所减轻，医院运营成本也在降低，呈现“双赢”局面。

数据显示，全市患者住院次均医疗费用已连续两年下降；2024 年总体住院医疗费用中，手术和治疗费用占比提高 1.66%、卫生材料费占比下降 0.95%，整体诊疗结构逐步优化。

建立“特殊情形”医保结算模式，满足多样化就医需求

遇到“复杂病人”，花费的医疗费用高怎么办？深圳医保专门为疑难病例开通“特例单议”绿色通道。针对住院时间长、医疗费用高、复杂危重症等病例，医疗机构可发起“特例单议”申请，经审核通过后据实结算。

“医院曾收治了一位主动脉夹层患者，这种病非常凶险。”市人民医院医生乔瑞国说，患者还有一系列复杂病症：腹主动脉出现闭塞，进而导致下肢缺血，几乎不能活动。

他表示，这位高龄患者术后恢复缓慢，在两个多月的住院时间内产生了高达 54 万元治疗费用，远超常规治疗费用。

“就这位患者的情况，我们成功申请到‘特例单议’，医保基本按实际费用作了结算。”乔瑞国告诉记者，现在医生更专注于治病救人本身，不用再担心“复杂病人”的费用问题。

此外，像康复医疗、慢性精神疾病等需要长期住院的患者同样受益颇多。对医院来说，在收治上述患者时，可以根据实际开展的住院天数获得医保基金，有效满足患者住院需求。

“不用再为频繁转院发愁，医疗费用也降了近 8 万元！”市民刘女士在罗湖区中医院，为患有孤独症的儿子办理完出院结算手续后欣慰地说。

2024 年，全市长期住院患者数量同比增长 47.77%，日均医疗费用却

下降 5.04%，实现“量增价优”的良性循环。

支持新技术新项目应用，助力“顶天立地”健康服务体系建设。

中国医学科学院肿瘤医院深圳医院是“国家区域医疗中心”，拥有恶性肿瘤临床研究中心和多项医学重点学科，是深圳打造辐射粤港澳大湾区的医疗科技创新高地、医疗卫生高地的重要支撑。

深圳医保对这样的高水平医院、临床研究中心、优势重点学科等专门设置了加权支付系数，助力医疗机构创新发展。“这两年，我们每年都能获得大概 3% 的加权支付系数，对医院引进靶向治疗、抗体偶联药物等新技术新项目发挥了很大作用。”深圳肿瘤医院医保物价部主任樊美娜告诉记者。

在助力临床科研攀登“医学高峰”的同时，深圳医保还通过设置“基层病种”助力分级诊疗建设。在不同等级医院实行“同病同治同价”，引导基层医院收治常见病、多发病。

截至 2025 年 4 月，深圳已设置胃炎、支气管炎等 337 个“基层病种”；2024 年，一级医院收治的基层病种病例增幅，较全市住院人次增幅高出 15 个百分点。

此外，深圳医保坚持“中西医并重”，在全省率先将骨折病、眩晕等 187 个病种设置为中医优势病种，并给予额外的基金支持，引导医院开展中医药特色服务治疗，充分发挥中医“治未病”“促健康”的优势。2024 年，全市中医优势病种住院病例数量同比增加 13.32%。

加强医保医疗沟通交流，汇聚协同治理合力

沟通是改进的前提，也是协同的基础。深圳医保专门建立了谈判协商机制，组建了由医院代表组成的医保支付评议专家组和支付方式改革

专家组，日常收集医院的意见建议，并对 DIP 病种等核心要素进行评议、协商。

“这一机制搭建了一座桥梁，让医保支付更接地气。”医保支付评议组织核心组专家、深圳市人民医院院长耿庆山说。

据悉，在 2024 年病种目录库制定中，深圳医保统计了全市超 400 万份住院数据，联合卫健部门组织全市 26 个质控中心、上千名临床学科权威专家参与，开展了 30 多轮论证，吸纳各方反馈意见 1000 余条。

市妇幼保健院新生儿科主任杨传忠是改革的亲历者。“极低体重新生儿治疗难度很大，需要呼吸机治疗的时间长、花费高。”杨传忠认为，这显然不能和普通患儿适用同一付费标准。

采纳他的建议，深圳医保优化了极低体重新生儿住院病种的设置，并相应提高付费标准。“很高兴看到医院实际的临床诉求难题被解决，大大解除了我们的后顾之忧。”杨传忠说。

同时，深圳医保还建立了数据公布工作机制、成立了医保数据工作组，定期向医疗机构亮医保基金家底、晒医保改革进展、比医院服务效能，让医院做到“心中有数”、主动提升规范管理水平，实现以数据共享赋能医疗机构高质量发展。

（白瑜）

12 “一揽子”政策便利外商独资医院落地

以“湾区机遇·健康未来”为主题的深圳市外商独资医院试点推介会 2025 年 3 月 20 日在前海国际人才港举行，全球知名医疗机构、医药和医疗器械企业、保险机构、医疗集团及投资者齐聚参会。

会上，深圳亮出了“一揽子”支持措施，包括用地用房保障、财政支持增强、医保政策优化、跨境执业便利化、国际医疗结算等 26 条，全方位支持和欢迎外商独资医院落地深圳。

超过百万境外人士来深就医

2024 年，国家发布《关于在医疗领域开展扩大开放试点工作的通知》，允许包括深圳在内九省市设立外商独资医院。随后，国家四部门公布《独资医院领域扩大开放试点工作方案》（以下简称《方案》），明确了设立外商独资医院的具体条件。

深圳快速起步，成立工作专班，研究制定若干措施。在“2024 深圳全球招商大会”上，绿叶医疗集团与市卫生健康委签署战略合作协议，拟在深建设国际医疗总部和外商独资专科医院，成为《方案》发布后，全国首个落地的外商独资专科医院项目。

对于外商独资医院来说，深圳具有很强的吸引力。作为粤港澳大湾区核心引擎城市，深圳有 1779 万常住人口、8.5 万户高净值家庭，以及 23.3 万长期在深居住的境外人士，消费潜力与国际化需求巨大。深圳可辐射深圳都市圈 3415 万人、粤港澳大湾区 8629 万人；更可通达世界，陆海空联通全球 50 余座城市。

同时，前海正打造国际医疗服务集聚区，河套建立了深港联动的粤港澳大湾区临床试验协作平台，都为外资医院在深发展提供了广阔舞台。

深港两地，一河之隔，长期以来在跨境医疗合作、支持港澳来深办医方面积累了很多先行经验，已形成了“七通”的独特优势，即医疗通、医师通、标准通、科教通、药械通、支付通、救护通。

截至 2025 年 3 月，深圳已有 12 家港资医疗机构，占全省 40%；

2024 年 7 月 3 日，晚霞映照下的深圳前海一景（无人机拍摄）。新华社发（童艳龙摄）

获批使用临床急需进口药械 62 种，占全省 60%；受惠病患 6500 人次，占全省 65%；509 名港澳台医师取得医师执业证书并在深长期执业，全市已有 10 家公立医院开展国际商保直接结算，2024 年境外来深就诊总数超过 100 万人次。

重磅措施条条切中所需

推介会上，市卫生健康委介绍了已出台的支持外商独资医院试点的若干措施，从招引落地、规划建设、运营管理等方面为项目保驾护航，可谓条条切中所需。

对于全球知名医疗机构这样的好项目，深圳将设专班“点对点”服务，提供用地、用能、用人等全要素支持。同时，外商独资医院项目列入各区重点招引清单，享受全方位优质服务。

在用地用房方面，深圳予以重点保障，允许在全市医疗机构设置规划以外举办外商独资医院，将符合条件的外商独资医院纳入重点产业项目；

对符合规定的外商独资医院重点产业项目用地，出让底价按深圳市产业政策及地价测算规则确定；允许外商独资医院使用符合医疗机构设置标准和医疗执业要求的商业、办公、工业等用房作为医疗用房；允许外商投资企业购置、租赁未投入使用的具有医疗卫生使用性质的政府投资用房；支持外商投资企业通过收购、并购、租赁等方式依法取得现有非公立医疗机构的所有权和运营权。

深圳对社会办医的支持力度一直走在全国前列，符合条件的社会办医疗机构可纳入医保定点。如今，这些支持扩大到外资独资医院，按规定予以基本医疗服务补贴、基本医疗床位奖励、医院等级评审奖励等支持。

在医保价格支持、便利医疗人员跨境执业、药械和技术临床应用、完善国际医疗结算、支持发展医疗旅游等方面也有相应措施。

除在医疗服务项目定价上，给予外商独资医院自主权外，还允许符合条件的外商独资医院申请纳入我市医保定点。

为来深行医外国医师开通注册审批绿色通道，“即时受理、72 小时办结”；符合条件的国外医师可申报职称评审。相关支持措施扩展到医疗技术人员及其家属，可签发 2 年有效签证。

在药械和技术临床应用上，支持外商独资医院申报“港澳药械通”，开展多中心临床研究及国际新药临床真实世界数据应用研究，开展前沿医疗技术研究和产品开发。

大型跨国医疗集团将进驻深圳

推介会圆桌交流环节，市卫健委医政医管处相关负责人，与来自复星健康集团、新风天域集团、IHH 医疗、绿叶生命科学集团的代表分享了办医经验与在深办医面临的机遇与挑战。

“我们大力推动葡萄牙光明医疗集团落户深圳。”复星全球合伙人、上海复星健康集团 CEO 胡航透露，该集团是欧洲排名前 5 的医疗集团，承担葡萄牙国家足球队保健任务，是 C 罗等运动明星的“康复医生”。

胡航表示，复星医疗 2017 年已投资深圳恒生医院，经过 7 年发展，该院业务规模增长了 3 倍，成为全市最大的民营医院综合体。期间，复星医疗发现深圳尤其是宝安是一块投资热土，葡萄牙光明医疗集团已完成选址工作，于 2025 年上半年正式注册。“深圳此次出台的外商独资医院支持措施，完全给予外商独资医院同等‘国民待遇’，无论从注册开办、人员认证和医保政策等，都给我们提供了很大的信心保障。”

2024 年 12 月 6 日与市卫健委签约后，绿叶生命科学集团广东首席代表、副总裁陈进忠深刻感受到“深圳速度”，2025 年 1 月 3 日便已在深圳前海取得外商独资专科医院的营业执照，该院选址已基本确定，将尽快推进相关建设和落地事宜。

“深圳先行示范的步伐对我们选择这里很重要，比如‘港澳药械通’，绿叶生命科学集团的制药板块的一个治疗小细胞肺癌药物已通过这一政策进入深圳市前海蛇口自贸区医院。”

“深圳的政策灵活，允许利用现有的产业空间快速设立医疗机构，使投资者无须经历拿地、平整、建设等烦琐流程，实现项目快速落地运营，也有利于投资者减轻物业投资的成本，将投资重心放在设备引进、人才积聚和技术升级上。”

（白瑜）

第三章

打造有获得感的城市

城市的温度，体现在每一位市民的获得感中。深圳坚持以人民为中心的发展思想，从住房保障到交通出行，从文化惠民到生态宜居，全方位提升市民生活品质。通过精细化治理和人性化服务，深圳努力让发展成果更多更公平地惠及全体市民。无论是来深建设者，还是本土居民，都能在这座城市中找到归属感与幸福感。深圳的实践证明，现代化不仅是经济的飞跃，更是人民生活的全面提升。

01 有商有量聚合力　健全平台提效力

曾经活动空间小、停车难、路面坑洼不平的深圳市罗湖区文华社区，如今面貌一新，宽敞的跑道、美观的绿化和完善的体育设施，让居民幸福感大为提升。变化的背后，是深圳市政协“身边事好商量”机制的多次调研协商、持续关注。

深圳市政协把委员联系界别群众工作摆在突出位置，截至 2025 年 2 月，累计推进 61 场“身边事好商量”协商活动、倾情办好暖心事，建强管好用活 242 个政协委员工作站、拓展履职空间，推进委员联系界别群众常态化、长效化。

有商有量，拾遗补缺

位于深圳市罗湖区的文华社区，不少住宅建于 20 世纪 90 年代，彼时少有设计地下停车位，部分居民占用消防通道停车，设施老旧、通行困难、空间逼仄等问题，有时让人走路“难以下脚”。

深圳市政协委员、淘金山小学校长邓少勇说，在了解到相关问题后，市政协将其纳入“身边事好商量”机制，多次进行现场调研、协调有关部门推进。

说服居民挪车、解决占用消防通道的安全隐患，联系周边写字楼、商场提供夜间停车“潮汐车位”，增加老人小孩的活动空间、更好满足居民需求……如今，社区公园绿树成荫，阳光透过树叶缝隙洒落地面，老人散步下棋，妈妈推车“遛娃”，周边青年不时拍照“打卡”。

“基层治理实践中一定程度上存在‘刚性有余、弹性不足’现象，一些‘疑难杂症’单靠某个部门难以解决。”深圳市政协科教卫体委主任吴思康说，政协懂协商、善协商，“身边事好商量”协商机制增加了基层治理“拾遗补缺”的“柔性力量”。

多界别、多部门、多层级，凝聚多元化协商主体。深圳市政协科教卫体委工作处处长雷蓓说，深圳城市职业学院周边人车混杂、道路狭窄、存有风险，2024 年市政协多次组织调研座谈，还邀请学校、学生、周边居民代表等利益主体，以及交警、规划和自然资源、城管、街道等部门，矛盾风险得到化解。

走进去、请进来、联起来，扎实做好协商调研。深圳市政协委员潘争艳说，布澜路是连接深圳服装、珠宝等产业的要道，长期拥堵，市政协通过走访、发放问卷等方式，充分了解周边企业、社区工作站和社区居民的意见和需求，有关部门正积极推进综合治理。

为龙华区外国语学校打造 170 米的校外风雨连廊，在深圳湾公园增加多个第三卫生间、母婴室和无障碍停车位，在梅林街道社区试点引入智能化 24 小时厨余垃圾投放设施……

统计数据显示，2024 年以来，深圳市政协已组织 18 场“身边事好商量”，截至 2025 年 2 月，累计推进 61 场“身边事好商量”，推进政协协商与基层协商衔接贯通，推动事关群众切身利益的问题得到解决。

健全平台，架起桥梁

《中共中央 关于新时代加强和改进人民政协工作的意见》提出，建立委员联系界别群众制度，支持地方政协根据自身实际探索开展委员联系基层群众工作。

深圳市政协在全市各区建设“委员工作站”，以此延伸委员履职触角、拓展履职渠道、畅通联系途径。

在深圳市龙岗区政协龙城街道委员工作站，一位龙岗区政协委员表示，龙城街道大运学校本有两个出入口，但学校投入使用后，一个出入口与公交站存有重叠、安全隐患较大。

政协委员工作站随后组织调研，与交警、规划与自然资源、城管等反复沟通，从 2024 年 3 月至 6 月召开 7 次现场会，最终研究并实施了开工建设侧门的方案，并最终于 2024 年 9 月投入使用，减少了安全隐患，也方便了老师学生。

界别群众在哪里，履职工作就推进到哪里。“我们把委员工作站建在青年广场，就是要将联系服务青年群众的主阵地，扎根到青年活动的主要场所。”深圳市政协委员、时任团深圳市委副书记饶一鸣说，共青团、青联界别联组委员工作站在 2024 年定期举办新业态从业青年集体生日会，组织开展“政协委员与网络新媒体青年”面对面交流等，搭建相互交流、接收资讯、反馈问题的平台。

“截至 2025 年 1 月，深圳已有 242 个‘委员工作站’，涵盖深圳市政协 32 个界别，覆盖深圳 10 个区及深汕特别合作区，构建起‘横向到边、纵向到底’的政协委员履职平台体系，拓展了委员联系服务群众的渠道。”深圳市政协联络工作委副主任王外平说。

2024 年 11 月深圳市政协出台了委员工作站工作办法，计划开展星级委员工作站评价，探索“一站一品牌”“一站一特色”等，进一步完善工作体系，努力把委员工作站打造成为反映社情民意、联系群众、服务人民的好用载体。

凝聚共识，汇集合力

如何推动深圳加快建设？怎样构建更高水平开放型经济新体制？人工智能对社会文化带来哪些机遇与挑战？如何让深圳实现“公园自由”……

围绕经济、政治、社会、文化、生态环境等领域，立足深圳发展与改革，深圳市政协开展协商平台“深聊会”活动，仅 2024 年就举办 55 场，截至 2025 年 2 月，累计举办 261 场，就前瞻性问题、城市可持续发展的长远性问题深入探讨、积极建言，推进深度协商互动、促进意见充分表达、实现广泛凝聚共识。

深圳市政协委员高洁对一场有关露营经济的“深聊会”记忆尤深。“专家、户外爱好者、经营主体负责人、有关部门负责人等各抒己见，但同时也碰撞了观点，凝聚了共识，提出了建议。”高洁说，比如“鼓励公园管理单位利用先进科技手段提供智慧导览、智慧停车、电子导航与定位等智慧游园服务”等，就被吸纳到 2025 年 5 月正式施行的《深圳经济特区公园条例》。

“‘深聊会’的深，既是深圳的深，也是深度的深。”深圳市政协委员姜华说，一些话题比如城市电动车的治理，短期内可能面临复杂情况，需要大家把观点讲出来、把问题抛出来、可行方案议出来，才能有利于抽丝剥茧、推动解决。

深圳市政协还搭建“委员议事厅”平台，以政协委员为主体，反映界别群众建议，广泛凝聚共识。为推动平台优化、资源整合，深圳市政协打造“深 i 政协”委员履职服务 App，以“数字政协”建设拓展提案公开和线索征集功能，为听取群众呼声、收集群众意见开辟新渠道。

“在深圳建设中国特色社会主义先行示范区的过程中，深圳市政协的相关工作也在先行示范。”深圳市政协委员杨高宇说，随着机制完善、平台健全，政协委员的履职能力也在提升，更有利于密切联系群众、推动民生改善。

深圳市政协主席林洁说，深圳市政协将搭建更多平台载体，不断完善委员联系界别群众制度机制，推动委员联系服务界别群众工作走深走实、见行见效，为深圳加快打造更具全球影响力的经济中心城市和现代化国际大都市贡献政协力量。

（陈凯星、王攀 、孙飞）

02 住房新政突出住房民生属性

2018年至2035年筹建各类住房170万套，其中带有政策支持性的住房总量不少于100万套，市场商品住房占住房供应量的40%左右；将公交司机、地铁司机、环卫工人等为社会提供基本公共服务的相关行业人员和先进制造业蓝领产业工人纳入住房保障范围……

2018年6月5日，深圳市住房和建设局发布《深圳市人民政府关于深化住房制度改革加快建立多主体供给多渠道保障租购并举的住房供应与保障体系的意见（征求意见稿）》，面向社会各界征求意见。

分析人士认为，为了满足日益增长的住房需求，深圳正在想方设法扩大住房供给，坚持房子是用来住的，不是用来炒的定位，把住房的民生属性摆在更加突出的位置，通过租购并举，把各类群体涵盖到住房保障体系之中。

深圳人口持续净流入，商品住房价格高企，深圳2018年5月新房成交均价高达54111元/平方米，住房供需不平衡、结构不合理、保障不充分等问题突出。过高的房价对城市留住人才，保持创新活力带来了一定的负面影响。

深圳市住房和建设局提供的数据显示，截至 2017 年底，深圳市常住人口 1253 万人，预计至 2035 年，常住人口将达到 1800 万人，新增约 550 万人，预计新增住房需求约 180 万套。

为解决好市民的住房需求问题，推进住房供需匹配，征求意见稿提出，到 2035 年，分近期、中期、远期三个阶段，筹集建设各类住房 170 万套，其中人才住房、安居型商品房和公共租赁住房总量不少于 100 万套。

这意味着，市场商品住房 2018 年至 2035 年的供应总量不高于 70 万套，平均每年供应 3.89 万套，低于此前的深圳商品房年供应量。征求意见稿还明确，市场商品住房“以普通商品住房为主”，并且“保持房地产调控政策的连续性、稳定性，严格落实各项调控措施”。

根据征求意见稿，人才住房、安居型商品房、公租房各占住房供应总量的 20% 左右。其中：人才住房，建筑面积以小于 90 平方米为主，可租可售，租售价为市场价的 60% 左右；安居型商品房，建筑面积以小于 70 平方米为主，可租可售，以售为主，租售价为市场价的 50% 左右；公共租赁住房，建筑面积以 30 至 60 平方米为主，只租不售，租金为市场价的 30% 左右，特困人员及低保、低保边缘家庭租金为公共租赁住房租金的 10%。

对于人才住房，征求意见稿明确，人才住房重点面向符合条件的企事业经营管理、专业技术、高技能、社会工作、党政等各方面人才供应。对此，时任深圳市住房和建设局局长张学凡表示，高层次人才和量多面广的基础性人才都是人才，都可以按规定租购人才住房。

值得注意的是，此次改革将公交司机、地铁司机、环卫工人、蓝领产业工人等群体纳入住房保障范围内。深圳将安排一定比例的公共租赁住

这张拼版无人机拍摄是深圳华富村棚改前后的对比（上图摄于 2018 年，下图摄于 2022 年）。新华社发

房房源，向符合条件的为社会提供基本公共服务的相关行业人员、先进制造业职工等群体供应，且不限户籍。

为了实现大规模筹建目标，深圳拟提出“八大供给主体，六类保障渠道”。

除充分调动原有的市场力量和政府力量外，征求意见稿进一步扩大住房供应主体，提出支持社区股份合作公司和原村民，通过“城中村”综合整治和改造，提供各类符合规定的租赁住房；支持各类金融机构，采取直接投资、融资等方式，建设筹集人才住房、安居型商品房和公共租赁住房；支持社会组织等各类主体，建设筹集具有公益性质的各类住房等。

为了确保土地供应，除了原有的城市更新、商品房配建等，征求意见稿还提出通过以下方式筹建人才住房、安居型商品房和公共租赁住房：一是盘活存量用地，加大棚户区改造力度，推进已批未建用地、社会存量用地、未完善征（转）手续用地、征地返还用地等开发建设；二是实施公共设施综合开发，通过轨道交通车辆段和停车场、公交场站等城市基础设施和公共配套设施等综合开发建设；三是开展城际合作，落实粤港澳大湾区战略，推动建立都市圈城际住房合作机制，结合轨道交通和产业布局，在临深片区开发建设人才住房、安居型商品房和公共租赁住房。

深圳市住房研究会会长陈蔼贫说，此次深圳拟出台的住房新政，明确了住房制度改革的目标、路径和方法，将对深圳住房市场产生积极影响。但由于该意见涉及方方面面，未来的配套法规修订、制定任务繁重，如何做好政策衔接，实现平稳过渡，仍有许多工作要做。

（赵瑞希）

03 创新运营提升居住品质

“我住在这个村里两年多了，最近搬到改造后的6号楼，租金差不多，但装修水平、安全条件好多了，居住感受大幅提升。”深圳城中村规模化改造，让28岁的施高迪在同等租金支出下，居住环境大为改善。

在深圳，像施高迪一样因此受益的新市民、青年人已达数万人。2023年2月，深圳市属功能性国企深圳市安居集团有限公司成立安居乐寓住房租赁投资控股有限公司（以下简称安居乐寓），作为规模化改造实施主体，迄今已收储1085栋城中村建筑物，超过5万套（间）房源，其中已有4.2万套（间）在改造后投入运营。

通过科学有序的收储、清租、改造、运营，全流程集约管理，深圳安居乐寓逐步将城中村稳妥改造为安全实用的租赁住房，探索一条在保持租金基本不涨的前提下，资金面可持续、社会面促稳定的城中村规模化改造新路。

2025 年 1 月拍摄的深圳市宝安区城中村宝罗小区 6、7 号楼改造后的楼栋外立面。受访者供图

安全实用舒适

2025 年 1 月记者来到深圳宝安区城中村宝罗小区，看到改造施工正在有序推进之中。整修过的建筑外墙、业态多样的临街店面，增设的共享厨房、健身房、自习室、电竞区、解压区、观影区、儿童游戏区等新空间，整体性改变了城中村的面貌；增设消防控制室、微型消防站、室内外消火栓，楼栋增设外挂消防钢梯、屋顶空间加设独立消防电梯、共享公区增加疏散连廊等，大幅降低城中村的消防隐患；改造后的租赁房间，功能齐全、时尚明亮，可拎包入住。

“现在这个房子 24 平方米，每月租金 1102 元，价格跟没改造前差不多，但装修、采光都比以前好多了，家具、家电一应俱全。”施高迪说。

从改造之初，施高迪就积极参与租客需求调研，提出了不少意见。“房屋改造了很多地方，一看就知道投入不小，所以怕租金大幅上涨。改得再好，如果住不起也跟我们没关系了。”如今住进去实际体验后，他觉得称心如意。

相关数据显示，深圳城中村里有居住类房屋30.85万栋、582万套（间），承载了过半深圳居住人口。部分楼栋建造年代较早，与新一代来深建设者的居住品质期待存在一定落差。如今，深圳已有上百个城中村进行了建筑物安全改造和品质化提升，宝罗小区是代表之一。

截至2025年4月，安居乐寓已收储房源1085栋（含非城中村房源7栋）、134.6万平方米、5.4万套（间）；清空1049栋，清空比例达96.7%；竣工979栋，投入运营880栋、105万平方米、4.2万套（间）。

“我们首要任务是有效提升城中村居住安全水平。”安居集团副总经理、安居乐寓董事长周柏新说。拿到房源后，安居乐寓首先根据楼栋检测情况及产品标准，在楼栋消防设置、结构加固、监控设备等方面进行安全提升，平均投入255元/平方米。

深圳城中村出租方十分复杂，有原住村民、外来建房者、外来购房者、二手房东等，难以高效管理。“通过我们自主开发的乐寓租务管理系统，实现对城中村流动人口的实时准确管理，减轻网格人员工作压力。客户所有合同及缴费均在线上完成，每笔费用透明可查，避免二房东水电费加价违规行为，保护广大租客权益。”周柏新说。

看到改造后的房子更安全、管理更规范，76岁的刘庚福把自己在宝安区城中村鹤州东区持有的一栋9层自建房交给了安居乐寓。“以前交给二房东打理，他们也搞不好，还曾经私自涨价搞得租户意见很大。与安居乐寓签了15年合同，比较省心，房子改造后品质明显提升。”

安居乐寓同时服务约 3 万名住户。用户调研显示，这些住户从事 IT、娱乐旅游、房地产开发与建设、贸易进出口、广告媒体等各类行业，49% 的住户通勤时间小于 20 分钟，78% 的住户通勤时间小于 40 分钟；住户平均租金占收入比重不高于 20%，租金负担较小，对新市民、青年人较为友好。

如何实现不涨租

改造成本高，租赁模式周期长、收益低，安居乐寓何以快速获取 5 万多套房源，并在不涨租的前提下提供改造运营服务？

——政策支持，超七成资金来自银行低息贷款。

安居乐寓的城中村改造资金主要来源于国资股东实缴资金和银行贷款。“其中银行贷款资金占比高达 70%—80%。这是一个长周期微利的项目，能够获取到低成本资金至关重要。”周柏新说。在城中村改造政策支持下，安居乐寓已与国开行、四大行开展合作，一些贷款期限长达 13 年，整体融资成本可控制在 3% 以内。随着贷款市场报价利率（LPR）下降，企业融资成本将进一步下降。

——房源改造，摊薄投入成本。

“稳定市场租金”是深圳城中村改造的重要原则，改造后单套租金与改造前需基本持平。安居乐寓将城中村中的大单间、两房、三房户型，改造为以小单间为主、一房一厅为辅户型，增加房源套数，摊薄投入。据测算，这一改造模式动态投资回收周期为 14.5 年，全投资内部动态收益率为 4.5%，可实现持续经营。

——创新合作模式，与业主利益共享、风险共担。

安居乐寓根据房地产市场变化，及时创新合作模式：给予业主“低

保底租金 + 超额利润分成”模式；探索“业主委托改造 + 乐寓装修款担保 + 长期轻资产运营”模式等。“以风险共担、收益共享为核心理念，既可满足不同村民的预期差异，也能减少企业前期投入，同时缓解市场波动带来的经营负担，让城中村改造实现健康可持续发展。”周柏新说。

保障原租户利益

长期以来，数量大、租金低的城中村村民自建房承担着“天然的保租房”角色，成为千万来深奋斗者的“第一个家”。此前几年，一些经营主体曾采取整村统租、租户限时搬离等方式以加快改造速度、实现规模运营。有的租户在周边一时找不到合适价位的房源，因此产生争议。

在此前经验教训基础上，安居乐寓创新收储改造方式，让大规模改造得以有序进行。

控制清租节奏，避免供给大幅波动。深圳城中村出租率为 85%—95%，位置较偏的城中村出租率为 80%—85%，且同一地铁站附近多个城中村在居住上可互相替代。“只要控制同一村在腾空和改造状态的楼栋数占比，就可保证市场供需不出现大幅波动。”安居乐寓总经理于英东介绍，在自愿清租前提下，安居乐寓坚持原则上同一城中村清空及在施工楼栋数不超过整村楼栋总数的 10%；确需收储房源超过 10% 的，公司内部将结合周边城中村承接情况进行专项评估。

同时，开展房源清租一般会预留 3—6 个月腾挪期，若部分区域收储量较大，动态调整腾挪期至 12 个月，以确保不出现短期同村大规模清租。“环节时间上足够长、区域覆盖上足够广，能确保整个改造过程相对平缓，不对城中村内租房生态形成冲击。”于英东说。

细化清租安排，维护租户权益。安居乐寓制定《清租行为负面清单管理》，明确列入强制租户固定期限内搬走、断水断电、借口“政府要求限期整改”要求清租等行为，严格管理。同时，对于因城中村改造而搬离的租客，联合各区教育局对租户申请学位进行认定，妥善解决租户关切问题。

确保信息畅通，及时处理问题。安居乐寓梳理城中村改造政策宣讲标准文本、常见问题答疑，提前与各街道办事处、社区网格员沟通联系，通过短信、微信群等方式第一时间告知租户相关信息。设立专线电话接收外界咨询，及时掌握住户、村民诉求；对内设置专项小组，与相关部门沟通联系，解决倾向性、苗头性、潜在性的诉求问题。此外，还设立应急处置工作专班，将不稳定因素风险处置工作纳入相关人员年度目标责任考核，压紧压实风险处置责任。

2025 年年中，安居乐寓基本完成已收储楼栋改造，达到 5 万套以上的运营规模，其中“一张床”约 2100 张、“一间房”约 3.6 万间、“一套房”约 1.6 万套，为新市民、青年人等群体打造有品质的“来深第一站”。

（赵瑞希）

04 让更多百姓“安居”

在“两会”话题中，房价依然是关注焦点之一。大城市不断攀升的房价，使得不少年轻人逃离，高房价对于人才和产业的“挤出效应”也逐渐显现。2015 年至 2016 年，深圳房价一路上升。面临着高房价困扰，深圳是如何通过增加保障性住房供给量进行突围的呢?

在深圳市悦澜山小区，记者见到了从陕西来深圳打拼的梁卫平，因为被评为深圳市后备级高层次人才，2016 年他全家搬进了深圳优先为人才分配的安居型商品房。他自豪地向记者介绍着自己的新家。

深圳人才安居房受益者梁卫平表示:“我们家 85 平方米，客厅还是比较大的，纵深有 3.2 米，所以电视稍微大一点。放餐桌的面积也比较大，厨房在原来的面积上稍微加大了点，大概有 6 平方米左右，空间面积也比较大。过道有 3 个卧室。”

梁卫平 2008 年从陕西科技大学毕业后与妻子一起来到深圳打拼，关注到深圳陆续出台对于人才的优惠政策，夫妻俩 2012 年把户籍迁入深圳，2014 年提交了安居型商品房轮候排队申请。由于梁卫平担任科技公司研发部经理，被认定为深圳市高层次人才后备级人才，所以梁卫平一家可以不受轮候的限制，以人才标准优先选房。

深圳人才安居房受益者梁卫平说，我们是按照 2013 年修改版的深圳市人才认定标准，它当时提出来在国家级高新技术企业担任研发机构第一负责人，就可以申请深圳市后备级高层次人才。我在深圳市丰日科技有限公司，我们公司主要做消费类电子研发方案，是属于电子信息领域的。我是从 2011 年开始，就做工程研发部的经理，后来做到工程研发部的经理兼总经理助理。

在递交申请半年后，梁卫平一家就拿到了新房的钥匙，用约为市场价 28%的价格，买到了 85 平方米三室两厅的安居型商品房，整个流程顺畅得让他感到惊讶。

梁卫平说，这个安居房申请是 2015 年 6 月 30 日，这个日期记得比较清楚，收到这个通告，我们就进行预约。先是看房，大概是 7 月份看的房，到 9 月份就宣布了申请的结果，10 月份就开始过来选房，应该是 11 月 15 日，然后就选好了，选好了之后办公积金贷款和银行贷款，下来到 2016 年 1 月份拿到钥匙。申请的时候是（每平方米）5800 多元的价格，整个小区的商品房，预售价是（每平方米）21000 多元。

更让梁卫平高兴的是，周边小区教育等设施配套齐全。而且根据深圳市人才新政，父母符合深圳市人才标准，其子女可以优先入读公办学校。这项政策在学位房价格“领涨”房价的情况下，解决了人才的后顾之忧。

除优先购买安居型商品房之外，人才还可以优先租住公共租赁住房。深圳市公租房可以个人或者企业名义申领。根据规定，单身居民、两人家庭配租建筑面积为 35 平方米左右，配租建筑面积随着家庭人口数增加而递增。

“80 后”何俊就是通过其供职的企业申领到了政府提供的公租房。企业内部分配公租房给职工，一般优先分配给技术人员，核心就是留住关键岗位人才，提升企业竞争力。

深圳公租房申领者何俊表示，“现在有公租房之后，其实就像当作自己的家一样，住在这里，心里踏实了很多，也不用去为交房租之类的考虑，公司有专门的人来负责这整套管理……比如我公司的技术分 P1 到 P7，每个种类都会算积分，最后给填报申请表的人进行打分，打分之后就进行排名，当时我不记得有多少套公租房，然后我就入选了。”

何俊租到的这套 52 平方米的公租房，位于深圳高端小区聚集的华侨城片区，每月租金仅 1000 多元，而该地段同等面积的商品房租金一般在 4000 元左右。这套公租房距离何俊所在的公司仅 4 公里。

时任金证科技股份有限公司经营管理总部总经理易锋玉说：“从 2012—2017 年，陆陆续续我们申请了 200 多套。那么对于房价居高不下的情况下，员工都表示政府的人才房给他们的生活提供了有效的保障。”

2015 年至 2016 年，深圳房价一路蹿升。数据显示，2015 年 1 月，深圳新建商品住房成交均价为 26691 元 / 平方米。而 2017 年 1 月，深圳新建商品住房成交均价攀升至 54931 元 / 平方米。高房价、高生活成本和激烈竞争带来的“挤出效应”已经产生。为此，在基本实现户籍低收入家庭应保尽保的前提下，深圳市在“十二五”期间将住房保障扩展至“夹心层”和人才群体。

深圳市住房和建设局住房改革和发展处负责人说，“深圳市是一个快速发展的城市，怎么解决城市发展所急需的人才住房困难，怎么让住房保障既为低收入家庭解决民生问题，同时又为城市的发展解决动力问题，怎么促进城市的发展，这又给我们提出了一个新的课题。”

进入“十三五”时期后，深圳又提出将人才住房从保障性住房的序列里分离出来，建立基本住房保障和人才安居双轨并行的住房保障供应体系。“十三五”期间，深圳将筹集建设保障性住房和人才住房 40 万套，其中人才住房不少于 30 万套，并打造一个封闭流转的住房市场，解决人才住房难题。以政策性住房供给为基础的人才安居模式，让深圳成为了中国一线城市“以房留人”的先行者。

在“十三五”期间，深圳筹集的人才住房和保障性住房，相当于“十二五”之前深圳市存量的保障性住房的总量。这个数字也超过了“十二五”期间深圳市供应的商品房住房总套数，所以是一个大手笔。从套数上来看，深圳在“十三五”期间人才住房和保障性住房供应的量是超越了商品房，首次超越了商品住房。保障性住房着力用于解决中低收入家庭的住房困难，属于政府的基本公共服务。人才住房，着重面向激励人才安居，也就是吸引人才、留住人才，属于城市促发展的一个措施。

此外，深圳还成立了深圳市人才安居集团，计划三年投入财政资金 1000 亿元，首批 400 亿元已到位。这个人才住房投融资、建设和收购平台，已与多个开发建设企业达成收购、租赁意向，筹集人才住房 1600 多套，并计划通过投资建设、项目回购、合作开发等多种方式，广泛筹集人才住房房源。

加强保障房建设、支持人才住房建设，成为深圳全面深化改革、着力创新制度供给的缩影。深圳的发展，既要看到过去的成绩，更要看到现在和将来面临的风险挑战。一向敢为天下先的深圳，正以问题为导向，直面问题、解决问题，在制度创新上持续发力。

（白瑜、赵瑞希、李思佳、毛鑫）

05 上万套房源助力应届毕业生找工作

为方便应届高校毕业生到深圳找工作、面试，深圳市住房和建设局等多部门和企业联合推出公益项目，提供房源免费住7天。2025年1月2日记者从深圳市住房和建设局了解到，这一项目已吸引全国275所高校的应届毕业生报名。

以进一步提升深圳对外地大学生的吸引力为目标，深圳市住房和建设局、深圳市人力资源和社会保障局、共青团深圳市委员会、深圳市安居集团有限公司及深圳市安居乐寓住房租赁投资控股有限公司，联合推出“深梦扬帆”公益项目。

在2024年11月14日至2025年6月30日期间，公益项目分批提供超过1万套居住房源，为各地来深毕业生提供免费7天居住权益，只需缴纳实际水电费及小额退房清洁费，以解决来深找工作及面试的应届高校毕业生阶段性、过渡性居住需求。

截至 2025 年 1 月，已有来自全国 275 所高校的应届毕业生报名申请“深梦扬帆”公益项目，学生毕业院校覆盖北京、上海、广西、湖南、湖北、河南、黑龙江和香港、澳门等地。

（赵瑞希）

06 解锁“幸福密码”打造最佳婚庆目的地

2025 年 5 月 20 日，“鲸喜宣言、情定盐田”2025 年集体婚礼颁证活动暨“十全十美大礼包”助力甜蜜经济活动启动仪式在盐田区小梅沙海洋世界浪漫启幕，10 对来自全国各地的新婚夫妻在可爱的白鲸天使与亲友见证下，携手步入婚姻的殿堂。

活动现场同步发布“十全十美大礼包”，联动辖区婚庆企业针对新婚夫妻提供优质、优惠的产品和服务让利新婚人群，助力盐田打造“世界婚庆之都”。

盐田小梅沙海洋世界化身“爱的海洋”，在蔚蓝的梦幻海底，海洋精灵“白鲸”化身爱情使者，见证新人们许下永恒誓言。它们优雅的身影轻盈游弋，温柔的目光深情注视，为这场独特的集体婚礼颁证仪式献上最纯净的祝福，让这一刻的浪漫与感动，化作永恒的美好记忆。

“选择盐田不仅因为这里的山海美景，更被‘鲸喜礼包’的诚意打动。”新人们表示。

为了让幸福更有质感，盐田区联合辖区低空飞行、海上观光、新能源汽车、蜜月度假、婚礼婚宴婚拍等十大特色企业，精心打造“十全十美大礼包”：从低空观光的云端浪漫，到深海潜游的蔚蓝邂逅；从新能源婚车的绿色新风，到山海连廊的婚拍秘境，每个细节都浸润着盐田特有的山海禀赋。这不仅是送给新人的幸福礼单，更是盐田甜蜜经济的创新宣言。

作为广东省婚俗改革实验区，盐田区始终以先行示范的担当，推动婚庆产业高质量发展。出台《盐田区关于促进婚庆产业高质量发展的若干措施》，建设“1 中心＋N 仪式堂”婚姻服务矩阵，匠心打造小梅沙婚庆产业园、“多肉花园婚礼堂”等高端婚礼场景，着力打造粤港澳大湾区爱情地标。

该活动由深圳市盐田区民政局、共青团深圳市盐田区委员会、深圳市盐田区妇女联合会主办。这场集体婚礼，不只是一场仪式，更是城市与市民的情感契约，通过将集体婚礼转化为文旅资源、把个人记忆嵌入城市发展，盐田探索出了一条社会效益与经济效益双赢的新路径。

盐田区只是深圳着力打造国内外知名婚庆目的地的缩影。深圳市民政局持续优化婚姻登记服务，大力推进“婚姻＋”，围绕“四聚焦，四着力”，构建幸福生活生态圈，助力甜蜜经济等新经济形态发展。

从 2025 年开始，深圳市民政局将 5 月中旬至 6 月中旬作为甜蜜经济月，首届“甜蜜经济高质量发展服务月”活动圆满完成。据统计，活动期间深圳市结婚登记新人 1.7 万对，同比增长 56%。

聚焦优服务，着力满足群众对美好婚姻生活的向往。深圳市民政局深入推进婚俗改革，2025 年 5 月 10 日，根据民政部统一部署，深圳市实施婚姻登记全国通办工作。“520”当天，深圳市结婚登记 2418 对，登记数量居全国前列。同时，通过在梧桐山、小梅沙、摩天轮、双子塔等标志性场地开展系列活动，发布“甜蜜地图”“甜蜜商圈”“婚旅线路”，为适婚群体提供“一站式”产品服务，满足新人对美好婚姻生活的需求和向往。

聚焦搭平台，着力带动要素串珠成链。“甜蜜月”活动期间，全市民政系统紧紧围绕甜蜜经济“恋、购、影、礼、宴、住、游、娱”八大核心领域，构建“政企社研”四端联动甜蜜经济协作平台，引导婚庆、餐饮、旅游等行业头部企业、行业协会、研究机构共同参与，通过合作平台支持服务场景创新、业态融合、产业集聚。在党委政府端，宣传部、住建、文旅、商务、妇联等单位结合部门职责，强化协调联动，共同营造甜蜜浪漫氛围。福田、罗湖、盐田、南山、宝安、龙岗等区民政局通过结合文旅资源和婚庆产业链优势，打造湾区游轮、直升机、摩天轮等特色颁证品牌，实现“一区一特色”。在企业商圈端，欢乐港湾、万象天地、壹方城等商圈以及深圳市圳品集团、珍爱网等企业借助服务平台，为新人提供一系列优惠增值服务。在社会组织端，市社会组织总会发挥统筹作用，携手旅游、零售等8家行业协会，整合资源、建圈强链、开展交流，推动标准建设，引导相关企业融入甜蜜经济发展。在研究机构端，深圳大学人口研究所等机构以“婚姻、人口与经济发展”为课题，为甜蜜经济高质量发展及甜蜜月筹划提供了智力支撑。

聚焦树品牌，着力构建深圳“甜蜜之城”IP。深圳市民政局高度重视甜蜜经济品牌建设。在深圳“创新之城”“青春之城”“活力之城”等城市标识基础上，推动创建“甜蜜之城”新名片，面向全国全球叫响“我在深圳办婚礼”“我从深圳出发办婚礼”等品牌，树立“先锋+浪漫”的城市形象。针对当前年轻受众喜好特点，创新推出“主流媒体+自媒体+网红推介”的宣传推广矩阵。活动期间，争取新华社、中国社会报、南方都市、凤凰网、深圳特区报等20余家主流媒体实地参与“甜蜜月”，积极向上争取专版报道。建立抖音、小红书、今日头条、B站等新媒体为发布平台的新媒体联动推广机制，邀请知名网红、自媒体达人代表赴湾区之光摩天轮、梧桐山、大小梅沙、人才公园等知名景区集中合制创意短视频，打造宣传热点，扩大宣传覆盖面。抖音“深圳甜蜜月”话题播放量活动当天即突破 1000 万次。

聚焦促消费，着力激发释放内需潜能。甜蜜经济涵盖关联千行百业，以其强带动性、高附加值的特性，成为经济发展新的着力点。此次“甜蜜月”，在活动安排上，突出与好物节、好房节等系列活动深度结合，合力打造促消费活动矩阵。在服务人群上，突出吸引适婚青年、来深建设者、粤港澳大湾区适龄乃至全国青年群体共同参与。在契合新人需求上，突出个性化、体验式、互动性活动，在空间形态、场景营造、业态组合、运营模式等维度进行创新，群众在畅快消费的同时，广泛参与良性社交和自我表达，通过消费获得情感共鸣与心理满足，情绪价值得到有效满足。在推动行业融合发展上，突出与旅游、零售等行业协同联动，与低空经济、首发经济、游轮经济相融合，全市过万家文化旅游、黄金珠宝、房地产、批零住餐等不同业态的商家为年轻群体提供折扣、增值服务，激发消费活力。

（王丰）

07 人才引进最快半小时落户

2024年5月22日，深圳人社、公安、发改等四部门联合推出的“人才引进入户一件事高效办”服务上线运行，实现人才引进入户全流程网上办理。首批服务适用于应届毕业生、留学回国人员群体，足不出户，最快半小时即可办理入户深圳手续。

据了解，外地人才入户深圳涉及人社部门“资格核准”、发改部门“入户指标申领”以及公安部门“户口迁移”等多项子业务。深圳人才引进入户流程已多次优化，此前应届毕业生线上取得入户资格后，需要往返原籍和深圳两地公安机关办理入户手续。2023年实施户口迁移“跨省通办”服务后，申请人无须返回原籍，但仍要携带材料前往公安机关办理。整个流程耗时至少一周。

此次推出“人才引进入户一件事高效办”，通过人才引进入户业务办理系统与全国户籍人口管理数据库对接共享，实现数据无缝有效调取。原线下户籍迁移业务由“群众跑腿”改为“数据跑路”，实现人才入户业

2021 年 4 月 24 日，第十九届中国国际人才交流大会在深圳举行，在“精英天下”中高级人才招聘会上，应聘者在查看企业名录。新华社记者毛思倩摄

务全流程网上办、实时办。

此次改革还同步简化信息采集，信息采集精简率达到 20% 以上。依托政务服务平台的统一身份认证和用户管理能力，各部门系统业务衔接增强，信息材料一次性采集提交，全流程、各部门共享复用。

（赵瑞希）

08 "硅谷之芯"变形记

从羊台山密林发源，穿越西丽湖、长岭陂水库，一路奔流入海。

深圳南山大沙河，从船走流沙，到黑臭淤塞，再到如今的波光桨影，见证一个城市的发展理念之变。

一条河，一座城，一个湾区，在时空的光影中前行、思索、变迁。

告别"臭沙"：生态觉醒

发令枪响，赛艇对抗赛开始，数十条皮划艇在碧波荡漾的水面掀起竞速旋风。时隔 20 余年，南山区的大沙河又能走船了。

"新中国成立之初，河里鱼很多，经常有人抛网打渔。"老人们还记得"大沙河"名字的由来，那时候，流沙如金，河里最多的就是采沙船。

20 世纪 70 年代末，深圳走上了改革开放高速发展的道路。"时间就

2019 年 4 月 11 日拍摄的深圳市南山区大沙河生态长廊。新华社记者白瑜摄

是金钱，效率就是生命”，一个生机勃勃的城市不断生长、扩张，成为全球制造业重镇，但同时，河流遭遇淤塞污染，水质江河日下。

市民应慧 1999 年底搬到大沙河东岸，她记忆犹新：“大沙河成了臭沙河，刺鼻气味不时飘来，一定要关着窗。”

“我们为什么要发展？要怎么发展？”时任深圳市南山区委书记王强曾经这样问自己。这时，南山高楼林立，生产线昼夜无休，一个区的生产总值媲美中西部大中城市；这时，深圳的发展也已直追新加坡。

南山投入近 20 亿元治理大沙河，打造生态长廊和滨水慢行系统，一方面对沿线 993 个小区进行管网改造，另一方面挤出空间建立除淤调蓄池，攻坚面源污染。2019 年，大沙河中下游段综合整治已完工，主要水质指标达地表水 IV 类。

2019 年 4 月 11 日，市民在深圳市南山区大沙河生态长廊散步。新华社记者白瑜摄

告别流沙淤泥时代的大沙河还迎来了“沙和尚”。当地成立了首个护河特色 U 站“沙河·尚”护河志愿服务站，越来越多市民加入护水治水行列。

湾区“塞纳”：补齐短板

在经济发展的高位，应该把精力花在哪里？南山接近一半的财政支出

都在科教文卫及生态项目上。

“深圳已是影响世界的‘硬件硅谷’，南山是‘硅谷之芯’。创新引领，我的理解是要有生态引领、知识引领。”王强说。

制造与创新是深圳的优势，也是南山的长项。如今，南山想做的是，在生态、文化、知识上下功夫，补齐短板。

漫步大沙河生态长廊，水草丰美、白鹭成群，风铃木、无忧树迎风招展。

四季有景，季季有花。在深圳科技园工作的陆思延每天都要来跑步“打卡”，“这里让我想起留学时光。有时我和同事会把会议室搬到河边，在草地上边晒太阳边‘头脑风暴’。”

在深圳人眼中，大沙河正在成为粤港澳大湾区的“塞纳河”。

静静流淌的大沙河，不仅看到了自己的变化，也看到了深圳湾滨海休闲带的建成、深圳人才公园的开放和西丽湖国际科教城的崛起。

西丽湖是深圳一级水源保护区，但住宅、厂房长期错杂其中，对水安全造成威胁。南山区成立指挥部，拆除保护区内违章建筑和其他建筑，完成土地整备、移交入库土地 285 公顷，守护了城市的“大水缸”，为国际科教城腾出了宝贵发展空间。

西丽湖，南科大、哈工大（深圳）、清华深圳国际校区、北大深圳研究生院等科研院所环湖而立，为“硬件硅谷”提供源源不断的知识动能。

西丽湖，要做深圳和大湾区的“智核”。不仅有制造，还要有生态、知识，这才是“硬件硅谷”应有的生存形态。

城市“变形”：直抵未来

“这几年，深圳大变。”时任中科院深圳先进技术研究院院长樊建平说。

从渔火薄田的边陲农业小镇起步，深圳经历了沧海桑田般的急剧变迁。樊建平认为，作为中国科创前沿，深圳正以生态、知识为牵引，补足基础创新能力短板，建设“未来之城”。

经过努力，在不到 2000 平方公里的土地上，深圳有了大大小小 973 个公园。深圳还将继续发力，提前实现“千园之城”目标，让市民开窗见绿。

在这里，诺贝尔奖获得者领衔的实验室达 9 家，清华 - 伯克利深圳学院、深圳北理莫斯科大学等十余所合作办学的高校异军突起，一些大学办学质量直追原校本部。

大沙河凝望着深圳，看着她在荒野上书写华章，看着她在“高位过坎”中坚持创新驱动，也看着她为高楼大厦绘就生态、知识底色。

2019 年 4 月 11 日，市民在深圳市南山区大沙河生态长廊散步。新华社记者白瑜摄

以大沙河整治为代表的城市空间重塑，正在让深圳成为吸引全球人才、高端产业的“强磁场”。深圳人才净流入率保持高位，创新驱动迎来了关键的第一资源。

从更广阔的视野，整个粤港澳大湾区也在经历巨变。2018 年，广东谋划“万里碧道”计划。2019 年，《粤港澳大湾区发展规划纲要》提出，坚持以人民为中心的发展思想，建设宜居宜业宜游的优质生活圈。

“经历高速增长后的沉淀，整个区域的发展理念已有了根本性改变。”樊建平说。

2019 年 4 月 11 日拍摄的深圳市南山区大沙河生态长廊。新华社记者白瑜摄

中国社科院发布报告，认为粤港澳大湾区凭借良好的自然、生态、社会、文化环境，初步形成了有利于创新创业的良好氛围，创新基础国内领先。

风云际会，奋力前行，大沙河的波光中折射出深圳的未来、湾区的未来。

（蔡国兆、白瑜）

09 湿地就在城中央

四月下旬，一种体态优雅的迁徙水鸟弯嘴滨鹬如约出现在深圳滨海大道旁连片的湿地公园中，栖息、觅食。这是它们漫长“洲际飞行”的一次短暂停留。几米外，观鸟爱好者正静静欣赏它们的美丽身姿，而在滨海大道另一侧，是中国超大城市深圳繁忙而充满活力的城市生活。

入则自然、出则繁华，湿地成为城市“会客厅”

在我国，湿地往往位于农村地区或偏远的城郊。但在发达的珠三角，越来越多的湿地公园出现在寸土寸金的城市中央。

位于深圳湾东北岸的福田红树林自然保护区是全国唯一处在城市腹地的国家级自然保护区。保护区管理局负责人说，每年冬季，都有近 10 万只候鸟在这里停歇，是“东亚－澳大利西亚”国际候鸟迁徙通道上重要的中转站和停歇地。

2024 年 12 月 19 日，位于广东深圳的福田红树林湿地（无人机拍摄）。新华社记者梁旭摄

到深圳湾观鸟已成为一张新的城市生态名片。沿深圳湾绵延十余公里的红树林滨海长廊也成为市民休闲、健身的最美风景线，被称为城市“会客厅”。

而在广州，距离城市中心地标广州塔不到五公里处，也“藏着”一个特大城央湿地——海珠国家湿地公园。

俯瞰，这座占地面积1100公顷、三倍于纽约中央公园的湿地公园，像城市当中一片巨大的“绿肺”，呼吸在钢筋水泥之中，去除污染，吐出洁净的空气与芬芳，给市民带去绿意、清凉和宁静。

在制造业大市佛山，结合城市升级、旧城改造，历时十余年分四期打造的淡水人工湿地系统千灯湖公园，串珠成链，再现了水网纵横的岭南水乡景致。

据广东省林业局统计，从2013年至2018年底的短短五年时间里，广东的湿地公园从12个大幅增加到241个，其中五成以上位于珠三角城市群。

“在蛙声中入眠，被鸟儿叫醒”，不再是田园梦想，正在成为珠三角不少城市居民的日常生活写照。

水乡“升级版”，让湿地“进城、绕城、围城”

2013年，广东提出全面推进新一轮绿化大行动，推进珠三角湿地保护体系建设，提出让湿地“进城、绕城、围城”的目标。

美丽的东平河在佛山穿城而过，她一江两岸的蜕变正是佛山这座工业城市巨变与转身的缩影。十年前，东平河两岸工业区林立，垃圾遍河滩。如今，这里已改造成沿岸十余公里花草繁盛、鹭鸟群集的滨河湿地景观带。

东平河北岸，一座占地近 11 万平方米的货运港口已经停业，正在准备搬迁。佛山市绿委办副主任胡羡聪说："政府要舍弃每年巨额的税收，再投入真金白银，才能让它关停、搬迁。但这个抉择不得不做，这是东平河湿地长廊建设的最后一块拼图，越晚关、成本越高。"

在广州，海珠湿地的前身"万亩果园"是典型的三角洲湖泊与河流湿地。在利益驱动下，"蚕食"果园进行经营开发的冲动越发强烈，"保肺"还是"保胃"的矛盾突出。

2012 年，经广州市、海珠区政府多番努力，创新的"只征不转"征地模式获国务院批准，政府投入 45 亿余元将万亩果园集体土地征收为国有，但不改变原农用地性质，不占用城建用地指标，既加强了城市生态绿地保护，又有效破解了特大城市用地规模不足的难题。

至此，湿地得以在寸土寸金的闹市中心长久保存。秉持"原生态、微改造、少干预"的理念，经过七年多持续生态修复和湿地环境再造，海珠湿地已冉冉升起为全国湿地公园中一颗璀璨明珠：湿地内水质达到Ⅳ类乃至Ⅲ类，对珠江水净化作用明显；上百年果树重新挂果，鹭鸟回归，栖息的鸟类从 72 种增加到 167 种。

2024 年 12 月 19 日，游客在深圳福田红树林湿地观察候鸟。新华社记者梁旭摄

湿地，候鸟和科技企业共同青睐的地方

走进佛山洛客众创科技有限公司位于千灯湖公园附近的办公室，巨大的落地窗吸引了人们的眼光，窗外是大片的绿地和水面，40 多位设计师

有的伏案绘图，有的在讨论思路。

公司总经理张健辉说，公司是国内最大的工业设计平台之一，2018年在佛山设立分公司，一是要靠近制造业中心，帮助企业产业升级；第二就是被这里的环境吸引。“设计是美的，我们办公在水上，出门就是绿地，在这里进行头脑风暴，最能激发创意和灵感。”

在佛山市投资促进局局长俞红平看来，科技企业、金融企业等高端业态更偏好环境好的地方，良好的生态环境也是营商环境。“以前我们去招商，跟人家谈成本、谈区位，现在招商首先是拉他们来看看这里的环境。”

记者采访发现，珠三角各地不约而同地出现了科技园区在湿地公园附近“扎堆”的现象。

海珠湿地的生态效应逐渐转化为创新经济和高端人才的集聚效应。自 2016 年以来，已有 26 家世界 500 强企业、大型央企以及上市公司项目在海珠湿地周边汇聚，吸引腾讯、阿里巴巴、小米等领军企业将一批核心业务在周边落户。

深圳湾公园的另一侧则是深圳软件产业基地、正在建设中的总部中心。深圳湾科技发展有限公司负责人说，越是高端的企业和人才对环境的要求越高，一个地方对科技的重视最大的体现，就是能拿出最好的土地发展科技产业。

城在湿地中，湿地在城中。在珠三角，一幅幅绿色发展繁荣、人与自然和谐共生的美好画卷正徐徐展开……

（车晓蕙、周颖、白瑜）

10 执业便利助港人港企筑梦深圳

“有了正高级职称，就打破了两地执业资格认定壁垒。我们港籍医生在深圳执业更加便利了，发展空间更大了。”香港大学深圳医院助理院长樊敬文说，执业便利政策推进速度令人欣喜，将吸引更多港澳专业人士到粤港澳大湾区的内地城市发展。

2021 年 8 月，深圳进一步放宽境外医师到内地执业限制，打破了内地职称逐级晋升规则，首次为在深圳工作的 37 位港籍医生直接认定颁发正高级职称证书。这 37 张证书，是深圳便利境外人士在深执业的一个缩影。

实施高度便利化的境外专业人才执业制度，是深圳建设中国特色社会主义先行示范区综合改革试点首批 40 项授权事项清单中的重要内容。为了打破专业服务领域的国际通行资格证书可比性和等效性不强带来的境外专业人才引进困难，2021 年 2 月深圳出台《深圳市推进高度便利化的境外专业人才执业制度的实施方案》，其中一项重要内容就是畅通境外专业人才职称评价渠道。

2012 年 9 月，已经在港从医 13 年的樊敬文加入了刚刚成立的香港大学深圳医院，开启了他的跨境执业生涯。“虽然香港与深圳毗邻，但两地在医疗领域的人才评价体系却不同。以前我们在内地做一些手术、申请一些课题，需要提供职业资格证明。但我们没有内地认可的职业资格证明。很多时候，我们要进行很多解释，才可能争取到相关部门的理解。”樊敬文说，“现在有了正高职称后，一切都名正言顺了。”

深圳便利境外专业人才执业的另一项重要举措，是放宽境外专业人才参加国家职业资格考试的限制。

2021 年，税务部门进一步放宽港澳涉税专业人士在深圳前海的执业限制，取消须通过执业资格考试的限制，改为执业登记。一直在香港从事涉税工作的“90 后”港青钟展坤得知后，立刻申请了执业登记，成为在前海有执业资格的港澳涉税专业人士，并与一间内地税务师事务所联合在前海设立了深港联营税务师事务所——深圳市前海京洲税务师事务所有限公司。

以前香港税务师在合伙制税务师事务所成立后，每年应当至少有 180 天在该税务师事务所执业。“现在进一步放开执业便利后，我不需要长时间待在内地，就可以通过联营方式提供涉税服务。”钟展坤说，伴随着内地经济的快速发展，国际企业走入内地市场，以及内地企业走向国际，涉及大量的跨境涉税服务。联营税务师事务所，可以促进两地税务师交流，更好地服务全球化的企业客户。

截至 2021 年底，前海共设立 5 家联营税务师事务所，69 名涉税境外专业人士获得登记备案，可在前海跨境执业。

深圳不断明晰各领域境外专业人才执业政策，便于境外专业人才更加清晰、直观地了解跨境执业相关信息。2022 年 1 月，深圳市人力资源和社会保障局会同多部门联合发布《深圳市境外职业资格便利执业认可清单》，整体汇总了深圳在税务、建筑、规划、医疗、海事、文化旅游 6 个领域的执业便利政策。

作为最早一批进驻内地的香港工程顾问公司，奥雅纳工程顾问有限公司已经在内地耕耘 30 多年。一系列建筑、规划领域执业备案政策的出台，让奥雅纳港籍高管、华南区负责人王前挥十分欣喜。

“以前，奥雅纳作为外资工程咨询企业，须与有专业资质的本地设计院等相关机构组成项目联合体参与项目竞标。”王前挥说，随着相关政策的突破，奥雅纳在大湾区获得多项执业资质认证。2022 年，奥雅纳已获得大湾区内所有相关执业资格认证，可面向广东省 9 个大湾区城市直接提供工程建筑专业及城市规划专业服务。

王前挥认为，执业资格的认证衔接积极推动了两地优势互补、资源互动、市场共享，从政策层面释放出积极信号，鼓励港资企业及港澳人才发挥所长，深度参与粤港澳大湾区建设。

（赵瑞希）

11 “AI 夜校”为女工书写新的职业叙事

当暮色笼罩鹏城，深圳“AI 夜校”的灯光如星辰般亮起，散落在城市各个角落的课堂上。不同年龄、不同行业的女性，或背着双肩包，或怀抱孩子鱼贯而入，她们中有穿着格子衫的管理者、挎着绘图板的设计师，也有经营自媒体的“00 后”、陪着丈夫在异乡照顾孩子的“的嫂”“卡嫂”。

20 世纪 80 年代初期，深圳像一夜之间冒出来的新城。随着特区建设快速推进，大量三资企业、“三来一补”企业蓬勃发展，深圳对劳动力的需求急剧增加，尤其是女工。如今，随着经济结构调整和产业更新迭代，这些被称作“AI 夜校”的特殊课堂，正在用算法与代码编织着城市的“第二人生”。

夜校兴起

2025 年 3 月 7 日 20 时，深圳市龙华区福城街道章阁社区自动化培训课堂，灯火通明、人头攒动。来自贵州的年轻妈妈高生红，一边搂着嗷嗷待哺的孩子，一边倾听专业老师的授课。

自 2024 年 10 月开始，深圳市委组织部充分发挥组织体系优势，在全市范围内探索开展就业促进和技能提升暖流行动，一个个结合新就业群体、居民群众和企业需求推出的“AI 夜校”课程培训，在各个社区铺展开来。其中，女工对学习的渴求尤为突出，一如 40 多年前改革开放初期那般豪迈。

从职场 AI 工具到创意视频，从无人机模拟飞行训练到智能 HR 解决方案……开班三个月来，章阁“AI 夜校”课程不断丰富优化，吸引了众多女工前来学习。

“课堂上所学内容对我所从事的管理工作很有帮助，比如自动化课程中有一款机械臂和我们的是一样的，能激发我的灵感。”高生红说，她所在的公司正在推动自动化生产转型，作为管理者的她也需要适应新变化。

记者看到，偌大的课堂座无虚席，大家聚精会神，边听边记。这样的场景，在深圳各社区俯拾即是。

在罗湖区翠竹街道水贝社区“AI 夜校”，这里根据当地黄金珠宝产业的特点，打造了 AI 视频剪辑、AI 办公技能提升、AI 珠宝设计等以 AI 技术应用为重点的课程体系，如今已开设 86 期课程，惠及 3000 多名学员，帮助近 200 名学员成功实现就业或创业。

依山傍海的盐田区盐田街道永安社区，是货柜车司机的集中居住租住地，许多“卡嫂”在家照顾孩子，成为全职妈妈。针对这一特点，永安社区“AI 夜校”推出“手工穿戴甲”技能培训班，通过从培训到收购合格成品的“一条龙”服务，让她们不仅丰富了业余生活，而且提升了就业技能，在“家门口”获得就业机会。

技能提升

从学习原理到 AI 绘画实战，从智能硬件开发到商业应用沙盘，“AI 夜校”用“知识拼图”为职场女性打开新视界。

“白天我是跨境电商运营，晚上就成了深度学习学徒。”29 岁的陈雨桐晃了晃贴着卡通贴纸的签字笔，课堂屏幕上跳动的代码与白天处理的订单表格形成奇妙呼应。在创新之城深圳，这样的“昼夜身份转换”正在成为新风尚。

在水贝“AI 夜校”接受了半个月的 AI 办公课程培训后，蔡女士的销售工作开始与 AI 绑定，在悄无声息中完成了迭代升级。“过去做报表要加班到深夜，现在十分钟就能搞定。通过夜校的 AI 办公技能提升课程，我将客户需求录入系统，AI 自动生成销售分析报告，半个月便超额完成月度业绩。”她说。

在“AI 夜校”，像蔡女士这样的“跨界学员”并非个例。通过一段时间的 AI 夜校学习，高生红不仅掌握了 Kimi、文心一言、豆包等 AI 工具，还在育儿间隙学习 AI 绘画、小说创作，带动十几位社区妈妈用“白日梦”工具制作短视频，成功实现副业变现；生产线管理者王丽则通过工业机器人课程，将夜校学到的机械臂操控技术应用于工厂自动化升级，成为车间数字化转型的“技术导师”。

记者看到，“AI 夜校”的课程表宛如一张“产业需求地图”——针对水贝黄金珠宝产业开设 AI 设计、勾线等课程，“00 后”宋思姣、陈咪等女学员的作品直接在社区展厅寄售；面向东湖街道大望社区的“的嫂”、盐田街道永安社区的“卡嫂”，为全职妈妈们定制的直播带货、手工美甲等，让安天丽、王俊灵等“宝妈”找回了自信。

“夜校已开设 AI 智能体开发、AI 电商设计、AI 视频创意等课程，未来我们还会面向全职妈妈、企业行政管理人员、营销策划人员等群体开设人工智能办公、人工智能训练师、人工智能开发工程师、直播培训等多类课程，满足不同群体对技能提升、职业发展的需求。”负责具体课程设置的深德高级技工学校培训校长余坚辉表示，“AI 夜校”不仅提供知识与技能学习机会，还通过社区推荐相关岗位，形成从学习到就业的全链条服务。

精神传承

改革开放后，各种函授教育和夜大蓬勃发展，记者找到 1984 年拍摄的一张照片《夜校里》，它记录了改革开放初期，在深圳的一堂摄影培训班上，一位年轻的女士正伏案疾书，旁边，一名光着屁股的小孩正站在凳子上好奇地看着课堂里的人们。这张照片历久弥新，扑面而来的是这座城市拼搏向上的精气神。

不同的时代，一样的精神。40 多年后的今天，记者同样在深圳市龙华区福城街道章阁社区的“AI 夜校”课堂上看到，正在开展的工业机器人基础操作培训课上，一名女士怀抱孩子认真听课。

夜校不仅是技能课堂，更是创新精神的孵化器。作为超大规模人口城市，深圳稳增长、稳就业压力较大，同时，以人工智能为代表的新一轮科技革命和产业变革迅猛发展，对就业的影响也在逐步加深，“有活没人干”“有人没活干”的结构性就业矛盾不断凸显。

技多不压身，学习本领、提升技能是精准就业的关键。

“我们推广设立‘AI 夜校’，就是要把教室开到党员干部群众‘家门口’，引导党员干部群众挤时间学习、争分夺秒学习，赓续弘扬特区精神，永葆改革开放初期火热的学习热情，推动‘AI 夜校’成为‘现象级’

的学习风尚。”时任深圳市委常委、组织部部长程步一说。

据介绍，深圳“AI 夜校”将链接更多用人单位企业，推动培训供给与需求精准匹配，探索建立工学一体培育模式，增强学习黏性，用 AI 培训为有需要的就业群体赋能，将更多 AI 就业指导、AI 培训资源送到街道、社区，使公共就业服务更广泛、更深入惠及企业和群众。

夜色渐深，“AI 夜校”课堂灯光在玻璃幕墙上投下跃动光影。而窗外，无人机实训操作的指示灯在夜空划出弧线，与万家灯火交织成网。深圳这座“不夜城”正以 AI 为笔，为无数劳动者尤其是女工书写崭新的职业叙事。

（周科）

12 多举措解决劳动者“急难愁盼”

劳动关系和谐与否，事关企业发展和职工利益，事关经济发展与社会和谐。深圳市总工会主动探索“3 + N”法律服务工作体系、劳资纠纷预警处置工作体系、职工服务阵地网络工作体系等，多举措解决劳动者的“急难愁盼”问题，做好职工“娘家人”。

打造“3 + N”法律服务工作体系

深圳市总工会通过构建以工会法律援助、工会法律顾问和集体协商三项内容为核心，以源头参与、劳动争议调处、劳动法律监督、法治宣传教育等 N 项内容为抓手的“3 + N”工会法律服务体系，完善“工会 + 法院”“工会 + 人社”等工作模式和化解劳资纠纷机制，维护职工合法权益。

方某于 2012 年入职深圳某模具公司，双方签订了书面劳动合同。

2021年7月21日，方某因日常工作受伤，经深圳市人力资源和社会保障局认定为工伤，劳动能力鉴定为九级伤残。2022年1月21日，方某因模具公司未足额支付停工留薪期工资，要求解除劳动合同并主张经济补偿。

方某拟向光明区劳动人事争议仲裁委员会提起劳动仲裁申请，受限于自身经济状况、诉讼经验不足等，到深圳市总工会申请法律援助。深圳市总工会受理后委派工会法援律师为方某提供法律援助。2022年4月1日，光明区劳动人事争议仲裁委员会做出裁决：公司支付方某停工留薪期间工资差额13998元、一次性伤残就业补助金55776元、解除劳动关系经济补偿59397.5元。通过工会法律援助，方某维护了自身合法权益，拿到了应有补偿。

据统计，截至2022年10月，深圳市区两级共建立工会法律服务站点99个，服务时长超9000小时。2021年1月至2022年8月工会法律服务站点共提供法律咨询21214件，服务职工23270人，服务覆盖职工360万人以上。

2022年1月，深圳市总工会印发《深圳工会法律援助办法》《深圳市总工会关于进一步加强工会法律服务的工作方案》等系列文件，拓宽了工会法律服务渠道，全方位维护职工合法权益；深圳工会还通过法律援助、工会法律顾问、工会法律服务站点等社会化维权互动机制，推进工会法律服务向工业园区以及社区工联会等职工密集地带延伸，不断扩大工会法律服务覆盖面。

深圳工会联合市、区人民法院在法院建立了劳动争议诉调对接工作室，工会安排调解员对法院受理的劳动争议案件进行调解。2021年1月至2022年8月，深圳市各级劳动争议诉调对接工作室共接待法律咨询40217次，参与调解案件25287宗，调解成功案件2203件，涉及职工25894人，为职工挽回经济损失10044余万元。

打造劳资纠纷预警处置工作体系

随着经济社会高速发展，职工群体诉求也愈加复杂，为从源头防止劳资纠纷，深圳全面建设“211”劳资纠纷预警处置工作体系。

一方面，推动市区两级工会建立劳资纠纷预警信息员队伍和劳资纠纷应急分队 2 支队伍、1 个劳资纠纷预警信息平台、1 个劳资纠纷分层分级处置工作机制，及时介入处置；另一方面则持续提高舆情监测与分析能力体系建设，第一时间向相关辖区部门推送纠纷预警信息，有关部门组织工作人员排查反馈，将隐患纠纷化解在萌芽状态。

同时，深圳市相关部门通过劳资纠纷风险预警防范联席会议制度等形式，定期对劳资纠纷风险进行分析研判，及时掌握辖区企业动态，提前化解劳资纠纷。坪山区碧岭街道辖区企业数量较大，劳动监察力量较为薄弱。对此，碧岭街道于 2020 年成立了劳资纠纷隐患预警工作领导小组，通过“劳资纠纷排查预警体系”，实现劳资隐患早发现、早报告、早控制、早解决，有效降低了重大劳资纠纷的发生。

由街道劳动管理办、安监办、城建办、工会、值班应急与智慧管理智慧中心以及社区工作站、股份公司等部门形成联动，实现日常巡查、跟踪处理、分级分类、收集员工通信录等机制，并根据分级分类情况按照通信录不定期回访，了解企业工资发放的真实情况，提高劳资纠纷隐患发现效率，及时发现欠薪行为的问题。据统计，2020 年碧岭街道劳资纠纷下降 30%。

打造职工服务阵地网络体系

构建遍布全市的职工服务阵地网络体系，是深圳工会做好职工诉求“关爱者”的最好体现。

2020 年 4 月 28 日，深圳工会“暖工行动”启动。深圳市总工会供图

以光明区总工会为例，一方面构建了“1 + 6 + 31 + N”全域职工服务网，包括 1 个区级阵地，光谷苑劳动者之家、云智科园职工服务站等 6 个街道级职工服务站示范点，以及 31 个依托社区党群服务中心打造的社区级职工服务阵地。

另一方面，建设了摩比科技、贝特瑞工业园、邦凯城等 10 多个企业职工之家示范点，每个企业职工之家设有群众诉求服务点，可就近、及时搜集并解决企业职工各种诉求……2021 年，各级职工服务阵地已累计服务职工 3 万余人次。

如今，30 分钟职工服务圈已在光明区初步成型，广大职工群众可就近得到一站式普惠化服务。

深圳市总工会还创新探索“一体两翼”帮扶保障工作体系，从保险保障、医疗救助、健康关爱、生活支持等多方面为职工提供全方位、多层次、广覆盖的帮扶保障。

其中，“一体”是指工会生活救助、大病帮扶、子女助学等常态化帮扶工作，“两翼”是指工会通过充分发挥市职工保障互助会和市职工解困济难基金会的作用，为职工提供更多社会化、精准化的帮扶保障，包括工会帮扶救助、职工互助保障、职工专属保险、暖工基金、工友筹等帮扶保障项目。

“我们公司在玉塘街道，为了让我们工作时没有后顾之忧，街道总工会请了专业机构免费帮我们照料孩子，还给孩子辅导功课。”对工会的贴心服务，摩比科技（深圳）有限公司一位职工说。

（白瑜）

13 “附近的工作”助力就业

腾讯公司2023年3月27日正式发布“附近的工作”微信小程序，上线超过2万个岗位；同时支持微信内搜索零工招聘信息，覆盖全国200余个地市，累计帮助2.4万余名求职者实现就业意向。

求职者只需在微信中访问“附近的工作 | 求职找零工找兼职”小程序，即可浏览周边岗位信息，快速找到家门口的零工岗位。上线岗位涵盖技术员、司机、质检员、电工、设计师、行政管理人员及餐饮服务等多个领域，且所有岗位信息均由政府人社部门审核发布。

在深圳市龙华区，45岁的李虹鑫通过“附近的工作”小程序，十分钟内找到了离家800米的社区食堂服务员岗位。对于李虹鑫来说，这份工作“工资日结、步行可达”，还能照顾孩子放学，匹配了她的就业需求。

“附近的工作”功能是2024年10月在广东江门市率先推出的。短短几个月来，这一服务已覆盖北京市、河北唐山、江西九江、广东深圳等多个地市，并与各地人社部门密切合作，累计帮助2.4万余名求职者实现就业意向。

除了小程序，求职者还可在微信内搜索“附近的工作”“兼职”“日结”“零工”等关键词，搜索结果中也会通过岗位专区展示求职者所在城市的零工岗位，覆盖全国200余个地市，涵盖服务员、配送员、保安、保洁、搬运工等服务属性强的高频零工岗位。

“以前找零工会去线下招工市场或关注一些App和本地公众号、小程序，由于信息比较分散，需要找很久，现在微信里搜一下就能看到附近更多机会，还能按薪资和距离排序，特别方便。”广州一名外卖配送员说。

随着我国灵活就业群体突破2亿人，零工经济正成为稳就业的“蓄水池”。数字经济背景下，非全日制用工、兼职、日结、自雇合作、代理工作、临时工作、劳务派遣、业务外包、人力资源外包等就业形态更加丰富，人力资源服务行业迭代更新速度快。腾讯将持续通过整合平台技术与各方资源，为灵活就业群体打造更为便捷高效的就业服务平台。

（郑天虹、白瑜、谢樱）

第四章

织密民生保障底线

包容是城市之魂，兜底是民生安全的底线。中国式现代化的本质，是人的现代化。从速度深圳到温度深圳，这座城市用 45 年实践证明：改革是手段，发展是路径，民生幸福才是最终目的。这座移民城市正以“弱有众扶”的实践，诠释着共同富裕的深刻内涵。聚焦群众急难愁盼，织密民生保障底线，其中藏着深圳最珍贵的城市品格——包容。

01 打好“解疏除”监督组合拳

以专项监督保障项目落地落实、以精准监督破解企业发展难点、以负面清单为政商交往划出红线，这套监督“组合拳”将监督效能转化为发展势能，为深圳市营商环境持续优化注入新动力。

通过打好监督“组合拳”，深圳市纪委监委以纪检监察“硬约束”提升高质量发展“软实力”，打通经济社会发展“中梗阻”，推动高质量发展提标、提速、提质、提效。

以专项监督保障项目落地落实、以精准监督破解企业发展难点、以负面清单为政商交往划出红线……2023年以来，深圳市纪检监察机关持续加强纪律和作风建设，以一套监督“组合拳”将监督效能转化为发展势能，解难点、疏堵点、除痛点，推动惠企政策加速落地，破解企业生产经营各类难题，不断优化营商环境，助力特区高质量发展行稳致远。

解难点：专项监督保障项目落地

2023年5月，在监督检查省重点前期项目和市重大项目妈湾电厂升级改造项目时，深圳市纪委监委发现原计划2023年3月启动的配套气源工程进展滞后。经了解，该项目存在多个难点，其中配套气源工程涉及海管施工，须经海事局、自然资源和规划局等多家单位审批，协调难度较大。

为此，深圳市纪委监委多次推动有关职能部门召开现场办公会，由项目单位集中征求各职能部门意见，督促集中研究解决问题，加快办理项目用海审批。随后，该项目用海手续顺利通过市政府审批。

以专项监督保障项目落地落实，是深圳市纪委监委为高质量发展清障护航的重要举措。经过专题调研、座谈会，深圳市纪委监委听取职能部门、民主党派、民营企业家的意见建议，于2023年3月出台《关于充分发挥纪检监察机关职能作用为全市高质量发展提供坚强保障的实施意见》，并发布三批聚焦高质量发展重点监督清单。

时任深圳市纪委书记、市监委主任刘连生说，作为党的政治机关，做实政治监督，以高质量监督保障高质量发展，纪检监察机关责无旁贷。

漫步深圳，深圳湾超级总部基地建设如火如荼，深圳首条跨海隧道——妈湾跨海通道盾构施工有序掘进。在廉洁清风护航下，重大项目奏响高质量发展“进行曲”。

疏堵点：精准监督破解难题

2023年以来，深圳市纪委监委聚焦高质量发展，实行跟进监督、精准监督、全程监督，对监督检查发现的突出问题盯住不放、持续跟进，推动解决一批堵点问题，不断优化营商环境。

优化审批流程，推动重点项目提速增效。针对工程建设项目审批效率不高的问题，宝安区纪委监委联合区司法局、区并联审批专班全面梳理工程项目审批监管服务事项，截至2023年12月，发现需优化事项91个，推动立行立改26个，切实推动提高工程建设项目审批效率。

针对旧工业区综合整治相关政策适用条件过紧、运用范围过窄、审批流程过长问题，宝安区纪委监委深入调研后，从简化流程、提高效率等角度提出针对性建议，推动修订《宝安区旧工业区整治提升暂行办法》，有效解决“拆迁难”问题。

加强资金管理，推动专项资金安全高效使用。盐田区一家社区股份合作公司违规将履约保证金出借给房地产开发企业，存在较大安全隐患。盐田区纪委监委及时约谈，推动该公司追回出借款项并督促建立保证金银行专项账户监管机制，加强对重大资金的监管。

近年来，深圳市委巡察机构组织开展财政支持发展专项资金管理专项巡察，截至2023年12月，组织8个巡察组深入10个市直单位，重点巡察专项资金管理使用情况。

大力助企惠企，推动厚植中小企业发展沃土。“没想到交出去的钱还能退回来，你们真的把我们的事放在心上。”深圳市龙岗区龙岗街道不少商户收到水电费退款后，为该区纪委监委点赞。

2023年上半年，深圳市龙岗区纪委监委成立专项督导组，针对该区5家社区股份合作公司及其分公司违规加收商业租户水电费用问题，推动龙岗街道开展核查并完成退费400多万元。

深圳市纪委监委推动相关部门，通过组建金融服务团队、优化工业园区交通环境等方式，解决企业生产经营各类难题，为中小企业发展厚植良好土壤。

通过精准有力、切实有效的政治监督，筑牢深圳特区发展的坚实地基。深圳市纪委监委综合运用专项监督、日常监督、联动监督，及时共享信息和发现问题，截至2023年12月，发出监督提示函等21份、约谈提醒37人、推动整改问题93个，监督合力不断发挥实效。

除痛点：为政商交往划“红线”

不准收受企业红包、礼金、礼品、消费卡、预付卡等财物；不准以提供中介服务为名向企业收取费用或者谋取其他利益；不准干预和插手企业正常经营活动，妨碍企业健康发展，损害企业合法权益，或违规给予特定企业特殊照顾……2023年，深圳市纪委监委出台《深圳市公职人员亲清政商关系负面清单》，明确政商交往中不得出现缺乏担当、敷衍塞责等行为，为政商交往划出清晰红线。

“政商关系的高压线、警戒线，也是保障高质量发展的隔离线、防护线。”刘连生说，聚焦高质量发展强化政治监督，必须坚持系统观念，前瞻性思考可能存在的风险问题，全局性谋划监督方向重点，整体部署监督执纪问责各项工作。

深圳市纪委监委坚持问题、目标、效果导向，坚持“监督的再监督”定位，坚持“三个区分开来”，推动政治监督具体化、精准化、常态化，确保执行不偏向、不变通、不走样。

一方面，通过总结违纪违法案例，深圳市纪委监委紧盯高质量发展中的政治偏差、纪律作风和腐败问题，查找并纠正项目规划决策、行政审批执法、土地征迁出让、工程招标建设、资金管理使用中的腐败和不正之风。

另一方面，定期排查领导干部及其家属在兼职取酬、经商办企、借贷借用等方面是否存在利益冲突问题，坚决纠正损害公平竞争环境、侵害经营主体合法权益的行为。截至 2023 年 10 月底，深圳市纪检监察机关共立案 3255 件，给予党纪政务处分 1517 人，深化整治权力集中、资金密集、资源富集领域的腐败问题，以正风肃纪反腐成效助推经济社会高质量发展。

通过打好监督“组合拳”，深圳市纪委监委以纪检监察“硬约束”提升高质量发展“软实力”，打通经济社会发展“中梗阻”，推动高质量发展提标、提速、提质、提效，监督效能不断成为发展势能，让这座因改革开放而生的城市焕发新气象。

（陈凯星、周科、白瑜）

02 “最年轻城市”正在建设“最宜老城市”

每日午间，75 岁的陈凤基走进深圳福田区益田社区数字食堂自助用餐，通过小程序完成用户注册后，AI 人脸识别功能会自动为她登录账户，取餐自助称重计价，即时无感支付。在这里，智能餐盘还能为糖尿病患者自动计算碳水含量，大数据可以让高血压老人的汤品悄然减少盐分……开业一年多来，一系列“黑科技”不仅让陈凤基这样的老年人离不开这座数字食堂，也让放学的学生、疲于家务的主妇甚至年轻人都成为这里的座上客。

益田食堂只是深圳这座“最年轻的超大城市”致力于建设“最宜老的城市”的一个缩影。从不断推陈出新的智能适老产品，到遍布全市的“场景革命”，从全产业链条，到统一标准体系……面向“老有颐养”目标的这座“创新之城”，正在为中国养老服务业高质量发展贡献更多“深圳智慧”。

“年轻企业”致力开发“适老产品”

2025年春节期间，外骨骼机器人辅助老人攀登泰山的短视频，在国内外社交媒体上火爆出圈。这也让开发这款产品的深圳肯綮科技有限公司总经理余运波发现了一片“新蓝海”。

“订单纷至沓来，让我们看到了老年群体的实际需求。”余运波说，“银发经济是一个巨大的市场，而且这个市场还渴求更多的好产品。”

有关部门统计数据显示，截至2025年4月，深圳全市涉老企业数量达到8889家，其中既有一批龙头企业，也有大量科创新兴力量，共同形成了较为完善的产业链和供应链，覆盖信息技术、高性能材料、智能制造、人工智能、机器人、高端医疗器械、生物医药、养老金融、智

2024年11月1日拍摄的深圳市福田区福保街道长者服务中心（益田）。新华社记者梁旭摄

能照护等各个领域。

有企业利用“脑科学 + 游戏化训练”打造大脑健身房，提前预判、干预治疗老年人认知障碍；有的企业采用太空喷雾淋浴、回吸污水等技术，为失能老人提供便捷洗浴服务；有的企业采用数字鸿蒙底座，利用 AI 无感交互、打造居家医养新模式；有的企业采用去中心化无网 AI 等技术，解决一般智能家居隐私泄露、可靠性差等问题；有企业利用 3D 打印技术跨界生产适老产品；在日益成熟的智能机器人产业支持下，不同品牌的艾灸机器人、陪伴机器人在深圳同台竞技；在新能源汽车上广泛应用的毫米波雷达走进数万户深圳家庭，帮助老年人健康监测设备升级创新……

“深圳有着充沛的工程师红利与活跃的资本市场集合优势，就有望让养老产业跳过‘劳动密集型’阶段，跃入智能科技的新赛道。”余运波说。

“场景革命”打通“银发经济”供需堵点

养老，既是事业，也是产业；既关乎民生福祉，又是新的经济增长极。

2024 年 9 月，腾讯 Robotics X 实验室发布了通用人居环境机器人“小五”，并在深圳市养老护理院进行了应用测试，它能够帮助老人从床上起身、抱扶到轮椅上、推着轮椅上的老人散步。

在深圳养老护理院，和“小五”类似的一大批科技感满满的智能设备已经“上岗”。院长李锡坡说，只有开放养老应用场景，才能促进技术更快地迭代升级，更接地气地满足人民群众的养老需求。

遍布全市的“养老场景革命”，充分激活了市场资源，打通了养老供需“堵点”——70 家街道长者服务中心、160 家社区长者服务站、266

2024 年 11 月 1 日拍摄的深圳市南山区桃源街道长者服务中心。新华社记者梁旭摄

家长者饭堂及助餐点……深圳通过开放场景，让整个城市成为养老科技的试验田。

在桃源社区养老服务驿站，老年人可以跟下棋机器人对局、跟“悟空”机器人聊天，可以便捷租借外骨骼机器人、电动代步车等智能辅具；在多个社区的数字食堂，“刷脸支付 + 营养云脑”系统通过 AI 算法为老人定制个性化餐单，食堂系统同步链入长者助餐补贴系统；“无感监测 + 云端响应”智能守护体系为全市 3400 名高龄、独居等特殊困难老人居家安全保驾护航……

“事业和产业，是养老服务的一体两面。深圳着力统筹政府、市场、社会三方力量，贯通养老全生命周期链条，把惠民生和扩内需、促产业结合起来。”深圳市民政局负责人说。

为高质量养老服务贡献“深圳智慧”

2019 年，《中共中央 国务院关于支持深圳建设中国特色社会主义先行示范区的意见》发布，“老有颐养”等七个关键民生领域成为深圳发展的重要方向。

据介绍，作为“先行先试”，为全国养老服务高质量发展做出探索的“排头兵”，深圳每两年开展一次养老服务需求调查，累计问卷超过 50 万份，及时、精准“定位”老年人的高频需求。

“深圳因地制宜扩展出台基本养老服务清单，涵盖兜底保障、社会保障、服务供给等 27 个项目，比国家基本养老服务增加 11 项。”他说。

在政策扶持上，深圳将智慧养老、康复辅具产业列入“20 + 8”产业集群的大健康重点细分领域推动发展，落实 51 条涵盖用地、规划建设、税费优惠等扶持政策，不仅吸引大批社会资本投资养老，还推动各领域企业向“银发经济”领域延伸，引导其他行业跨界赋能养老服务业。

（梁旭）

03 “科创基因”助力城市“备老”

“以前坐地铁都得走人工通道，要找工作人员核对年龄，现在直接刷卡，方便快捷！”2020 年 4 月，深圳市第一张智慧养老颐年卡正式发放，张奶奶是第一批用户。深圳市民政局发布数据，截至 2023 年 11 月，深圳市智慧养老颐年卡发卡量已突破 100 万，覆盖超九成 60 岁及以上在深常住老年人。

颐年卡在运用大数据、人工智能等技术精准定位养老服务需求的同时，也让老年人的多样化需求在简便化操作中得以实现。一张颐年卡，集身份识别、敬老优待乘车、免费进入公园、政策性津贴领取、健康码验证等养老服务于一体，整合了深圳市内所有涉老服务载体，实现了养老服务全领域应用。

从“一卡集成”到丰富多元的养老智能应用场景，深圳这座“青年之城”“科创之城”在积极“备老”方面充分彰显了“科创基因”。

深圳是中国最年轻的一线城市，也是国内年轻人最多的城市。据深圳市第七次全国人口普查公报，深圳常住人口中60岁及以上人口仅占5.36%，但深圳的老年人口占比20年间增幅达72.9%。据深圳市民政局估算，预计到“十六五”时期，深圳将步入老龄化社会。2019年8月，中共中央 国务院对于深圳建设中国特色社会主义先行示范区，提出了要打造“老有颐养”的民生幸福标杆城市和构建高水准养老服务体系的新要求，赋予深圳“老有颐养”先行示范的时代使命。

深圳市民政局负责人说，从“老有所养”到“老有颐养”，深圳积极描绘银发智慧养老蓝图，科学把握深圳人口老龄化规律和特点，通过抓住关键窗口期，积极建设老年友好型城市，从而真正做到让养老更智慧、让晚年更幸福，让群众获得更幸福更有尊严的养老生活。

2024 年 11 月 1 日拍摄的深圳市福田区福保街道长者服务中心（益田）。新华社记者梁旭摄

未雨绸缪

2023年9月，深圳高规格、高标准打造的“亚洲智慧养老第一展”——首届深圳国际智慧养老产业博览会在深圳会展中心（福田）举办。全球约200家企业亮相博览会，1000种智慧养老产品和先进技术的展示吸引了公众目光。

一位老人坐在智能代步机器人上，按动扶手上的遥控器，就可轻松驾驶，在驾驶中遇到障碍物，代步机器人还有主动车功能；银发辅抱式移位机采用半环绕背负曲线和二段配合抬升设计，可轻松把老人抱起，在轮椅、马桶、床等多场景转移，提高护理效率和老人移动的安全性……

博览会上，深圳幸福健康集团搭建的深圳市智慧养老服务平台、深圳市智慧养老呼叫中心正式对外亮相。平台统一配置来自家庭、社区、机构等照护资源，高效实现智慧助餐、“15分钟养老服务圈”、居家社区活动管理、上门服务工单视频连线等8大智慧场景。

老人不慎摔倒，轻按智能手表3秒，智慧管家第一时间线上回应；长者饭堂引进“智厨娘”机器人掌厨；“天威管家”智能终端进了家庭……在年轻人云集的深圳，智慧养老服务平台建设以及一系列科技产品的应用，让包括“第一批特区建设者”在内的深圳老年人群体享受到了切实的福利。

事实上，青年深圳不但积极备老，而且已经具备了一定发展优势。

2019年以来，《深圳经济特区养老服务条例》《深圳市人民代表大会常务委员会关于构建高水准养老服务体系的决定》《深圳市构建高水准“1336”养老服务体系实施方案（2020—2025年）》等文件连续出台，明确深圳立足科技产业优势，引领智慧养老服务发展，依托人工智能、物联网、云计算、大数据等技术开展适合老年人的产品和养老服务研发，推

2024 年 11 月 1 日，在深圳市福田区福保街道长者服务中心（益田），工作人员喂老人喝汤。新华社记者梁旭摄

进养老服务与管理的智慧化应用。

2021 年 3 月，《深圳市经济特区养老服务条例》实施，条例明确了从“老有所养”到“老有颐养”的推进路径，鼓励企业创新研发老年科技产品、智能养老设备，扶持养老产业发展。

在政策指引下，大批科技企业率先探索新型产品、拓展应用场景和服务，截至 2024 年 2 月，深圳已有 6 家科技公司、11 个街道、2 个区先后入选国家智慧健康养老应用试点示范企业、街道和基地，4 家公司入选国家级《智慧健康养老产品及服务推广目录》，深圳龙华区被确定为“国家智能社会治理实验特色基地（养老）”。

2024年11月1日，在深圳市福田区福保街道长者服务中心（益田），工作人员陪伴一名93岁的老人聊天。新华社记者梁旭摄

科创优势

75岁的郭爷爷，现住在一家智慧养老社区，在这里有个叫“小恭”的小可爱——陪伴机器人，时不时过来陪郭爷爷聊聊天，给他讲讲故事唱唱歌。机器人上面的“思维训练”小游戏，可以评估脑健康状态并给出一份评测报告以及干预建议。“‘小恭’既帮我打发了闲暇时间，还能

给我一些健康建议，在这里我过得很开心。”郭爷爷说。

陪伴机器人“小恭”是由深圳的人工智能和人形机器人高科技创新企业——深圳市优必选科技股份有限公司（以下简称“优必选”）研发设计的。近些年，该公司破圈进入智慧养老领域，以全场景解决方案入手，融合机器人和人工智能等技术，围绕运营管理、安全保障、健康管理、生活护理、医疗康复、精神文化、营养膳食七大智能服务场景进行研发，现已在全国多地实现智慧康养场景服务应用。

“我们的智能代步机器人，既可手动驾驶也可自动驾驶，具备自主导航能力，老人只需轻轻推动操作杆，就可以带着老人出行；我们的辅助行走机器人，可帮助有下肢康复需求的老人进行辅助行走和训练，还可为其提供运动报告和建议。”优必选联席 CTO、健康事业部总经理谭欢告诉记者，“陪伴机器人天生自带社交、情感等属性，不仅可缓解老人的孤独感，还可随着不同的场景需求，可将安全看护、学习帮助、消遣娱乐等功能集于一体。”

入局智慧养老赛道，谭欢发现，不只是研发具有某种特定功能的机器人那么简单，更重要的是怎么通过科技手段，满足老年人多方面的需求，提高他们的生活品质并缓解社会对老年护理的需求压力，让老年人和其家庭真正感受到科技带来的好处。

深圳地处珠三角，强大的制造业基础是智慧养老专案高效率落地的先天优势。全生命周期智能设备制造商与数据服务商——派博生命科技（深圳）有限公司董事长陈浩告诉记者：“落地市场的过程，全国没有一个城市比得上‘深圳速度’。这里的电子资讯类产业基础非常强、产业链最全。我们一个智能硬件打样在别的城市要一个月，在深圳只要三天。制作过程中发现一个电池、晶片需要更换，不到一小时就送到，供应链快速回应，极大地缩短了产品研发制造周期。”

深圳市幸福健康产业（集团）有限公司总经理胡月明告诉记者：“养老产业还面临小而散等问题，而深圳的制造业优势有助于打开智慧养老产业规模，吸引更多优秀的服务商、平台先行先试，大规模应用，再向全国推广。”

服务平台化

住在福田区园岭街道长城二花园的吴奶奶 85 岁了，子女不在身边，家里只有老夫妻二人。在吴奶奶家客厅，有一个智能设备，它看起来像一个摄像头，但可以即时在荧幕上显示以人体骨架为特征的火柴人动画。

这套系统通过摄像头感测器，为独居老人提供全天候看护，在确保隐私安全的基础上即时捕捉、追踪老年人的行为，通过演算法同步识别行为，做出智能分析并提出预警，还可以实现陌生人闯入报警、火灾报警、行为异常分析等功能。

园岭街道长城社区是深圳老龄化问题突出的社区，60 岁以上的老年居民占比近 20%。为满足社区居民养老需求，在福田区民政局的指导下，园岭街道与深圳市天威视讯股份有限公司（以下简称“天威视讯”）同创共建全市首家虚拟养老院示范服务站点以及智慧健康养老云平台，既“无感化”保护老人隐私，又在第一时间守护辖区老人的安全。截至 2024 年 2 月，平台已经累计处理预警资讯 330 次，线上养老专员已经超过 300 名。

“我们这房子已经住了 32 年，政府帮我们进行了适老化改造，又给我们安装了这些智能设备，都是免费使用。”吴奶奶说。

天威视讯在吴奶奶家装了一台智慧伴老终端。这个终端类似 pad，但操作更简单，老年人可以在上面像点外卖一样点选养老服务。根据天

2024 年 11 月 1 日，在深圳市福田区福保街道长者服务中心（益田），工作人员为老人梳理头发。新华社记者梁旭摄

威视讯团队的调研，这种以老年人在家点选链接服务资源的居家养老模式，可大幅度增加覆盖人群并降低政府普惠性养老成本。

“我们借鉴‘美团’‘饿了么’这种平台概念，通过系统将周边助浴、助餐、陪诊等养老服务资源整合起来，把机构的服务能力延伸到家庭，让老年人能够方便使用，降低使用成本，也解决了机构市场拓展、资源闲置等问题。”天威视讯智慧养老业务负责人李帅告诉记者，“比如，老年人下单了家政保洁服务，系统后台会派单给周边的第三方保洁机构，我们对这些机构建立了长期跟踪评测体系，服务人员上门会佩戴电子胸牌，后台有大数据支撑，再根据老年用户的口碑决定机构的优胜劣汰。”

为建设人民群众可感知的“首善之区”，天威视讯与福田区民政局签订了战略合作协议，共建“福+颐养”虚拟养老院，着力构建高品质都市养老服务体系。

李帅认为，天威视讯作为国有企业，兼具经济责任和社会责任，在智慧养老服务业发展中可以发挥引领示范作用，助力培育以国有企业为示范引领的多元化市场主体。天威视讯在深圳拥有160万机顶盒用户，在推行智慧终端进家门方面具有先天优势。由国企来运营并负责平台监管，更能得到老年用户的信任。

“深圳想快速发展智慧养老产业，特别需要一些发展平台和龙头企业的引领。”中国宏观经济研究院社会发展研究所研究员李璐说，通过政府和国企通力配合，建立“数据底座”，形成一张资讯化平台的网，促进产业规模化，形成养老服务评价体系，整合各类社会资源，同时鼓励小平台做特色和个性化的插件式发展，以此形成整体生态。

场景式体验

“我想给父母选购智能养老设备，但不知道购买渠道，电商的分类中都没有适老产品的明确分类。”深圳白领王媛媛告诉记者。

针对消费者市场认知度低的难题，派博生命科技有“独门秘籍”。2023年，派博推出了“星光老博城”专案，通过打造大型商业综合体，把智能设备、医疗级检测设备、智能家居、辅助器具、适老化家具等养老供应链涉及的产品整合到一个场景里。通过场景呈现，给消费者提供“身临其境”的居家养老体验，帮助消费者寻找到适合自己的养老产品。

比如，哪种监测身体指标的智慧床垫好用，适老家具放在家里是否协调美观，消费者都可以亲自来试。“智慧养老产品使用起来越‘无感’越好，从功能到外观都要融入消费者的家居环境，如果一眼看去就是一个医疗器械，在家里就显得很突兀，会让老年人心里感觉不舒服。”派博市场总监曾焕成告诉记者。

“我们做的就是类似宜家家居的老年版，其实客户对象不仅限于 65 岁以上老人，45 岁以上的中年朋友一样需要这样的场景体验。打造一个有温度的，让人住着开心舒适的养老氛围是共性需求，但每个人还有个性需求，消费者体验了场景再提出自己的要求，我们就可以进行个性化定制。”陈浩说。

“原先我们认为，对于产业来说，场景更多的意义是对接需求、加快应用。但事实上，场景能够更有力地推动产品本身的升级，尤其是一个新科技、新产品、新业态出现以后，能不能推广、铺开，能不能真正看到效益，场景起关键作用。”李璐说，“深圳是全国城市中一个人口老龄化程度相对较低的城市，但恰恰在这样一个‘表面劣势’的前提下，刚好可以超越发展养老产业 1.0 版本的过渡期，直接飞跃到高标准高品质的 2.0 升级版，达到智慧科技养老的水准。”

（张静）

04 超 5 万个托位推动破解“带娃难”

“生儿容易养儿难”，在推动破解“带娃难”的道路上，年轻的深圳朝着“幼有善育”的目标一路加速奔跑。截至 2024 年 6 月底，全市托育服务机构已逾 1000 家，总托位数超 5 万个。

6 月 15 日至 7 月 15 日是全国托育服务宣传月，2024 年的主题是“放心托育 方便可及”。2024 年 7 月 13 日，市卫生健康委携手各区（新区）卫生健康行政部门、市婴幼儿照护服务指导中心（市妇幼保健院）、市托育服务协会，举办了深圳市 2024 年托育服务品牌推介会，向宝爸宝妈们展示“带娃”实力。

家门口的临时托“有商有量”

2024 年，深圳新来了一批托起宝宝们的“大手”，市民们最常活动的场所——社区。

国家卫生健康委调查显示，居民最希望获得质量可靠、就近就便的托育服务。2024 年宣传月的重点之一正是倡导各地因地制宜发展社区托育。

5 月 9 日，福田区莲花街道“福宝宝乐园”莲花北社区托育点开园，迎来了全市 10 个区（新区）卫健部门相关负责人的“围观”。为什么这个只有 80 平方米、12 个临时托位的托育点会受到如此关注呢?

原来它是全市首个“公益＋普惠”社区托育点，开在了社区党群服务中心里，让居民在“家门口”就能享受临时托服务；通过“政府补一点＋企业让一点＋居民出一点”的形式，居民在享受 10 小时免费服务后，只需承担每小时 30 元的托育费用。

“建议时间能否延长到三小时，两小时外出办事都不够”，莲花北社区居民夏女士在托育群里提意见，社区托育点 7 月起便调整了上午临时托的时长。

“家门口”的托育服务不仅主打一个“灵活便捷”，更与居民有商有量。开园两个月，该社区托育点每天上午的临时托位基本“秒光”。

这样的社区托育服务点全市截至 2024 年 7 月，已建成 60 余个。要让深圳托育服务实现社区全覆盖，市卫生健康委先对自己的“家底”摸了个透。全市共有家庭发展服务中心 554 个，有 121 个初步具备改造成托育服务点的潜力。除了家庭发展服务中心外，深圳还充分利用社区党建、文化、物业管理等既有设施发展嵌入式社区托育服务，为居民提供普惠托育服务和科学育儿指导服务。

上班前顺手把娃“托”了

2024 年统计显示，忙着奋斗的深圳宝爸宝妈托育需求强烈，深圳 0 至 3 岁托育需求在三分之一左右，其中 2 至 3 岁托育需求高达 85%。

发放育儿补贴。新华社发（徐骏作）

深圳通过“医育结合、国企引领、托幼一体、老幼共托、社区互助”等形式实现了托育服务的多元化供给，为深圳家庭解决带娃难题。

家住宝安区西乡街道的黎女士，最近遇上点“麻烦”，家里老人身体不好，不能再帮她照顾两岁的儿子。

“还有一年才能上幼儿园，怎么办？”考察了一圈，她决定把儿子送进家附近的善育托育园。

这家托育园是全市首家由公立医院举办的普惠性托育园，依托宝安区妇幼保健院的医疗保健资源，为 2 至 3 岁婴幼儿提供医育结合的托育服务，深受周边居民的欢迎，60 个全日托托位供不应求。2024 年 4 月，宝安区妇幼保健院投资建设的第二家托育园也正式投用，新增 2 个托小班、2 个托大班。

从宝安区起步，逐步辐射到南山区、坪山区、福田区……全市已有 13 家医疗机构开展托育服务试点。

具有医院背景的托育机构让宝爸宝妈们很安心，而用人单位办的托育机构更方便，上班前就可顺手把娃“托”了。

在深圳北理莫斯科大学托育中心，不仅有孩子们喜欢的沙水乐园、泥巴营地、星光探索区等户外空间，更有融合中俄及国际多元文化的三语特色。2023 年，深圳北理莫斯科大学被评为全国爱心托育用人单位，一同上榜的还有深业沙河（集团）有限公司。

真金白银补助 降低养娃成本

活动现场，市卫生健康委家庭发展和妇幼健康处相关负责人介绍了深圳最新托育政策。来自市婴幼儿照护服务指导中心（市妇幼保健院）的专家们，面对面为 0 至 3 岁婴幼儿家庭传授科学育儿知识，并举行了义诊活动。

2024 年初，市卫生健康委会同市财政局制定了《深圳市普惠托育机构补助暂行办法》，对为 3 岁以下婴幼儿提供质量有保障、价格可承受、方便可及的照护服务的三级及以上备案托育机构，发放一次性建设（改造）补助和运营补助。

2024 年宣传月期间，深圳还举办了全市托育机构负责人岗位培训班、“健康家・育儿”风采大赛暨科学育儿知识技能竞赛，以及全国托育职业技能竞赛深圳市预赛、深圳市第十四届职工技术创新运动会暨 2024 年深圳技能大赛－托育机构从业人员科学育儿知识与照护技能竞赛等活动，旨在提升托育服务机构从业人员的专业素养，为婴幼儿提供更专业、更优质的照护服务，让托育服务真正成为利民、惠民的工程，暖到家庭，暖到千家万户。

（白瑜）

05 AI 技术照亮孤独症康复之路

“来，像老师一样，吹泡泡，没关系，宝贝已经在努力了是不是？”“你来试试，发 i 的声音，太大声了，小点声音，对了！还是乐乐学得快，真棒！”在大米和小米儿童康复中心，康复师拿着压舌板，一遍又一遍地教孩子口腔动作，每当孩子有一个进步，就记录在平板系统上。课后，系统后台的大模型根据浩浩的发音数据和上课的接受程度生成课堂报告和新的康复方案。

2025 年 4 月 2 日是第十八个“世界孤独症日”。融合人工智能技术的康复场景，正在成为中国孤独症康复产业变革的缩影。

“来自星星的孩子”艰难的社会融入

玩具架、工作区、月亮桌、毛巾水杯格……康复中心教室色彩明亮柔和，几乎 1 ∶ 1 复刻幼儿园的场景。所有的这一切的努力，都是希望

深圳市的设计师罗元以自闭症儿童为原型创作的角色“星星小人”。新华社发（陆浩摄）

被确诊孤独症的孩子能通过几年的康复训练，能够融入正常幼儿园，在普通学校的集体环境中，像其他孩子一样成长。

“有的孩子，一直到三岁都没有开口说话，一个语言的发生，可能需要等待好几年。”康复师喻灿洋告诉记者。

孤独症患儿被称作“来自星星的孩子”，从认识橘子、苹果、香蕉，到开口说话，甚至是感受到疼痛，所有这些对于普通孩子来说，只需要学习一两遍就能学会或者仅是本能的事项，需要康复师重复数十遍、上百遍，有时候无法达到理想的效果，有时候还可能出现被孤独症患儿踢打、抓、咬的情况。

中山大学附属第三医院儿童行为发育中心主任医师、博士生导师邹小兵表示，与其他临床疾病不同，孤独症在现阶段，国际上仍然没有办法通过生化、影像、遗传学检测等方式直接诊断出来，其筛查和诊断都是依据各种结构化量表。孤独症的筛查、诊断和干预，很大程度上要依赖于对儿童的准确评估，但是由于除了核心症状之外，孤独症儿童表现出巨大的异质性。

“如果能够从比较大的人群样本的干预数据中，对相同或者相近情况的孤独症孩子的行为表现和对应的干预措施进行分析，不管结果是有效还是无效，都能为后续类似的情况，提供更好的干预建议。将大模型引入孤独症康复领域，有望拓展我们的知识边界，提升孤独症人士的康复质量，并在每个阶段提供更有针对性的支持。”邹小兵说。

（白瑜）

06 “1 米高度”如何更好看世界？

当人们俯下身子，体验“1 米高度”看世界的时候，一切变得不同，而这些不同关乎我们的未来。

11 月 20 日是联合国确定的世界儿童日。2022 年，我国在 14 个城市推进儿童友好城市试点建设。“新华视点”记者在多地走访发现，儿童友好城市建设已带来一系列变化。

多地加快建设儿童友好城市

按照多部门发布的《关于推进儿童友好城市建设的指导意见》，到 2025 年，全国范围内将开展 100 个儿童友好城市建设试点，让儿童友好要求在社会政策、公共服务、权利保障、成长空间、发展环境等方面得到充分体现。

多地正加快建设儿童友好城市的步伐。长沙开展“儿童友好型城市”

2023 年 11 月 17 日，家长带着儿童在深圳北站中心公园的星球主题乐园玩耍（无人机拍摄）。新华社记者毛思倩摄

2023 年 11 月 19 日，孩子们在“儿童友好艺术村”深圳市龙华区上围村的儿童乐园里玩耍。新华社记者梁旭摄

三年行动计划；深圳出台全国首个儿童友好地方标准《儿童友好公共服务体系建设指南》；广州把建设儿童友好城市纳入“十四五”规划。

在一些城市，儿童出行正变得更安全、更温馨。

深圳开通的儿童巴士有专门的儿童座位，北京东城小报房胡同为儿童设计了“1米高度”彩色步道。温州市开通首条“红领巾”微公交线路，同时引入共享单车“叮当车”。长沙在学校周边马路上画了超200条“爱心斑马线”，长沙麓山国际第二实验小学首创学生地下接送系统，在运动场下架空层修建车库，新增240多个停车位，缓解因校园周边交通拥堵而产生的安全隐患。

漫步一些城市可以发现，以“1米高度”儿童视角为标准的改造越来越多。

很多城市增设了70厘米的儿童专用垃圾桶，医院里多了50厘米的儿童专用扶手，公交车上加配140厘米的儿童拉手，公共卫生间增加儿童洗手盆。公共儿童活动空间纷纷用上软胶地面、防碰撞保护垫、隔音屏等。

城市社区里也有了更多儿童“微空间”。几个月前刚落成的广州广九社区儿童公园，经过改造，变身明黄色的儿童公园，儿童拓展游戏墙、童车小跑道、爬坡滑梯、跳房子、共享书屋等一应俱全，成为遛娃好去处。

儿童友好自然生态建设也在同步进行。水、沙池成为儿童公园的标配，对于公园绿植也有要求。如深圳市要求，即便是最小面积为 2 公顷的小型公园，也应设置沙地。当公园面积达到 10 公顷以上，就可设置戏水池。

与“儿童友好”的距离还有多远

何谓“儿童友好”?《儿童权利公约》提出儿童具有生存权、受保护权、发展权与参与权四大权利，儿童友好的最基本内涵就是尊重儿童的这些基本权利。记者在多地采访了解到，一些城市适儿化的空间和设施数量还不充分，质量也有待提高。

——儿童活动空间“小”“远”“少”。

孩子的玩耍区域最好是在户外空气质量好、配备一定游乐设施的场所。但一些儿童公园规划面积较小，分布较散。有专家对广州的儿童公园体系做过研究——若只出行半小时，只有少数人能利用儿童公园资源；扩大到出行一小时，儿童公园资源才能覆盖广州绝大部分儿童群体。

不少家长说，周末去一趟儿童公园，要开很长时间的车，车位难找；好不容易进了公园，每个游乐设施都是人挤人，孩子玩不尽兴，家长还担心安全。

——城市建设管理仍不够精细，软件资源配套不足。

记者注意到，每到周末，不少家长希望带孩子去绿道骑行，但因缺少适宜儿童或亲子骑行的车道，不得不驱车30多公里到专门地点骑行拉练。有些城市的街道仅设置了机动车道和人行道，一些共享单车骑到人行道上，给步行上学的儿童带来安全隐患。

深圳市沙河街道文昌街社区妇联副主席彭思思注意到，小区健身器材大多是居民共用的，很多性能不适合儿童。在儿童常活动的社区、学校、公园，空间布局、标识系统也不够优化，有些标识孩子看不懂，颜色也不够有吸引力。

——儿童的参与权易被忽略。

在儿童友好城市建设中，儿童的参与权易被忽略。长沙市自然资源和规划局相关负责人说，很多家长、老师有“替孩子做主”的思想，对于“儿童参与”的认识不深刻，致使很多儿童生活主题单一，交往范围狭窄。

儿童参与活动的途径主要来源于学校，儿童关系的建立同样侧重于同学交往，邻里交往不足，缺少自主选择的机会与平台；儿童的公共参与渠道较少，且内容、形式较单调乏味。

如何让儿童更多参与其中

建设儿童友好城市应该倾听儿童的声音，让儿童更多参与其中。

深圳市沙河街道文昌街社区 2023 年成立了儿童议事会。每周末活动安排、院落环境卫生状况、空间使用等问题，都是孩子们重点关注、讨论分析的议题。社区儿童参与社区事务均可获得积分，兑换儿童空间的奖品。

在当前城市建设空间上“挖潜”，因地制宜创造更多儿童友好空间，是很多城市的思路之一。

广州大学建筑与城市规划学院硕士生导师邓小飞说，对于空间紧缺的老城区，可考虑利用闲置或低效的土地资源，如废弃工厂等，改建或扩建原有儿童公园；还可在现有的公园、广场、街道等公共空间中设置儿童游乐设施，打造儿童活动场地等。

专家建议，儿童友好城市建设涉及各个方面，需要各地政府统筹协调，强化儿童工作“一盘棋”理念，使全社会形成建设儿童友好城市的合力。

儿童友好城市建设不可能仅靠政府推进。在执行层面，应通过市场机制与慈善机制更多更好配置社会资源，积极引导、支持更多经营主体与社会力量参与儿童友好城市建设。

儿童友好城市建设不仅是国家政策，也是对城市环境的重塑。彭思思建议，除对儿童高频活动的城市空间进行适儿化改造外，学校、医院、校外活动场所、社区设施等关乎儿童教育、健康与休闲娱乐的地方也要充分考虑在内。要将儿童友好理念渗透到制度体系中，形成人人参与、家校社协同育人的良好氛围。

（郑天虹、白瑜、谢樱）

07 心智障碍者的“梦想庄园”

2015 年 8 月，深圳市一家开业不久的洗车店迎来了络绎不绝的顾客，与其他店面不同，这里的洗车工是 9 名心智障碍者，又称喜憨儿。与曾经感动和激励了无数人的阿甘一样，单纯、善良的他们用“阿甘精神”对待工作，尽全力将顾客的汽车洗得一尘不染，并渴望从中实现自我价值，获得社会的认可与接纳。

“中国版阿甘”就业　为心智障碍者打开一扇窗

独立搭公交车上班、签到、换工作装、分工洗车、在休息中心做能力训练……像其他上班族一样，深圳喜憨儿洗车店 9 名员工开始了他们第一个月的“职场生活”。然而这些看似简单的程序，对他们来说都是挑战。

喜憨儿是心智障碍者的通称，包括自闭症患者、唐氏综合征患者、脑瘫患者等，发病原因尚未明确。截至 2015 年 8 月，中国智力残疾人共有 984 万。全国第二次残疾人口普查显示，心智障碍者是所有残疾人中就业最为困难的人群之一，就业率还不到 10%。多数智力残疾人生活经济来源主要靠家庭，成年后如何融入社会一直是令人忧虑的问题。

这家洗车店的 9 名喜憨儿，最小的 19 岁，最大的 47 岁。他们有的跟人说话时眼球不自觉向上翻，有的下巴肥大，有的口齿不清，有的四肢粗短，但都有着漫画人物般的憨厚与可爱。

“我擦完了！”专门负责擦轮胎的陈星佑总是在完工后兴奋地“请功”；有自闭症的周灰被安排擦车，工作细致又耐心；因为身高优势，李嘉师喜欢给车冲水、打泡沫；刘墨庄虽然腿脚不便，但年长有工作经验，身为组长的他会一笔一画记下当日有多少辆汽车前来接受服务……

杨师傅负责教这些“孩子们”洗车，他将洗车分成了 10 多个环节，根据个人情况安排岗位。“有的时候，今天教完明天就忘了，需要多次重复，这也是最大的困难。”杨师傅说，“我们采取的办法就是让他们每天坚持练。”在洗车之余，黄艳是他们的辅导老师，她给这些喜憨儿安排了阅读、运动、认知等康复训练，时间定为上、下午各一个小时，还给每个人建立了成长档案。

“是不是我哪里做得不好，你们不要我了？”周末轮休的李嘉师情绪有些低落，他还没有假期的概念，放假的时候总给老板打电话，怕这个给自己生活洒进阳光的“窗口”突然关闭。工作人员王飞虎告诉记者：“有的孩子一大清早就给我打电话兴奋地报告：‘老板，我就要来上班了！’令人哭笑不得，但也很感动，他们对于工作的渴望毫不亚于我们。”

尽管洗车店开业时间不长，但很多前来洗车的顾客都是“回头客”，有人看着喜憨儿们洗车时认真努力的身影默默流泪，“他们不争利，也不抱怨，洗车极其用心。”一位前来洗车的顾客说。甚至有人专程带自己的孩子过来：“你看哥哥姐姐们多努力，他们好棒！”还有人送苹果、送玩具，一来就下车陪喜憨儿们玩耍、聊天，给他们了解外界打开了一扇又一扇窗。

“我们有自己的价值，我们也需要尊严”

一个月的职场生活，为喜憨儿们带来里程碑式的变化。通过洗车的分工和考核，喜憨儿们的时间观念、责任意识一步步树立；看到有车进来，他们会远远打招呼，有礼貌地向顾客微笑；反复摩挲着第一个月挣的 2000 多元工资，更是让这些自食其力的“孩子们”脸上流露出自豪的神情……

刘墨庄曾经做过 4 份工作，在餐厅打过工，也在工厂检测过电路板，用他的话说，“总感觉到歧视”。如今在洗车中心，刘墨庄被委以重任，

2024 年 3 月 22 日，深圳喜憨儿洗车中心的“心青年”们。新华社记者毛思倩摄

担任组长，他很开心，“我们不是没有用的，我们有自己的价值，我们也需要尊严。”

每天中午，喜憨儿洗车中心的“生活老师”郑慧宁带着喜憨儿员工去附近的出租车司机饭堂吃饭。“开始不懂得排队，喜欢吃的菜也不知道要先跟师傅讲，直接就去拿了。现在，他们已经有了排队和秩序的概念。”

下班后，工作人员送喜憨儿上车，再把车号拍下来，通知他们的家人到公交车站接。锻炼了几次之后，原来没有独自搭公交车经验的陈星佑学会了自己上下班搭车回家，这对他来说是跨越式的进步。

广东省智力残疾人及亲友协会主席张敏告诉记者：“喜憨儿最大的障碍就是无法和人正常沟通，如果没有就业辅导员在岗位上进行引导式帮扶，喜憨儿在一年内的就业流失率可能高达90%。”

工作带来的自信让这些喜憨儿们更加主动地与人交流。在接受记者的邀请后，患有唐氏综合征的李纪政跳了一段《小苹果》，在掌声中露出了骄傲的神色，虎头虎脑的他提胯、迈步、站定、扭胯、叉腰，每一步都踩在节拍上。

“早上起来知道了上班要准时，更喜欢与人交流了，回家会跟我们说完成了什么任务，老师教了他什么，也经常唠叨伙伴的名字，基本上每个人的名字他都叫得出来。”李纪政的妈妈周女士说。看到儿子拿到人生的第一笔工资时，周女士微笑着使劲眨着眼睛，不让眼泪落下。

守望相助、薪火相传的“梦想庄园”

相比同情与关爱，喜憨儿们更渴望平等的接纳和尊重，而这正是洗车店创办的初衷。洗车店老板曹军的孩子同样是一名喜憨儿，正是因为深刻体会到喜憨儿就业的重要性和难度，他和其他几位喜憨儿家长一起通过众筹的方式成立了这家洗车中心，并在民政局注册，希望通过半开放式的就业环境和系统培训，以及民政部门的监督，探索喜憨儿健康成长和就业的新模式。

能不能把洗车中心做起来，这些家长们开始心里并没有底，但看到孩子们的进步，悬在他们心中的这块石头终于落了地；孩子们对于工作机会的心理依赖，也成为家长们这一搏不能失败的压力。

连曹军自己也觉得意外，原本只是朋友圈里的一条简单微信，却引来了络绎不绝的洗车族。第一个试营业的周末，高峰时十几辆车排着长队涌入洗车中心，让还在学习洗车的喜憨儿们措手不及。现在的洗车量平均每天 40 辆，多时近 80 辆，经常有客户多付洗车钱。

“残疾人就业分为庇护性与支持性两种，喜憨儿洗车中心属于后者，在与社会不脱节的情况下提供就业，对智力残疾人成长发展更有好处。”中国智力残疾人及亲友协会主席张宝林说，“希望这里的就业模式能够在成熟后推广，变成培训中心，再向全国各地复制成功样本。”

这一期望与家长们的想法不谋而合，曹军计划把当前的管理模式探索成熟后，再复制推广到其他行业领域，让更多喜憨儿能真正融入社会，实现自我价值，获得应有的尊严，他把这一计划称为“梦想庄园”。

“我们希望把这个庄园打理好，一定不能让孩子们衣衫褴褛流落街头。我们也会老去，希望到那一天能有更年轻的人们去管理，一代一代，薪火相传。”曹军说。

（冯璐、白瑜）

08 志愿者爱心筑桥促深港融合

午后的深圳福田口岸熙熙攘攘、人流如织，几位身穿红马甲的志愿者在人群中格外醒目。每当看到张望的旅客，他们便主动上前，用粤语或略带港味的普通话询问对方是否需要帮助。

这群志愿者来自深圳福田街道组织的港人志愿服务队。队伍成立的主要目的，是为往来通关的跨境学童“保驾护航”，为日益增加的港人旅客提供交通路线、购物消费、医疗就医、物流快递等服务。

“国家的发展让我们香港人感到安心，我们也希望贡献自己的力量，让跨境旅客看到我们就觉得安心。”港人志愿服务队队长徐亚女的话道出了许多志愿者的心声。2024 年 7 月成立至今，这支不断壮大、现已过百人的队伍，正用最朴素的方式传递着深港融合的温度。

2025 年 4 月 8 日，港人志愿服务队队员包万英在深圳福田口岸为跨境学童引路。新华社发（郭辛摄）

“双城义工”

周五午后，家住香港北区的徐亚女搭乘小巴前往香园围口岸，通关后又通过深圳地铁 2 号线换乘 4 号线，来到福田口岸，全程耗时约 1 小时 20 分钟。

随后，徐亚女换上红马甲，站在福田口岸港人过关入境必经路线上的规定位置，等待为即将从香港返回深圳的跨境学童引路。

每次 2 个多小时的志愿服务时间，对徐亚女来说总是过得飞快。有时她要张开双臂化身“人墙”为跨境学童开路，有时会为跨境旅客寻找遗失的物品，或告知港人如何使用软件叫车和办理内地电话卡等。

2025 年 4 月 8 日，港人志愿服务队队长徐亚女在深圳福田口岸等待跨境学童。新华社发（龙镜伊摄）

每当志愿服务结束后，已 60 岁出头的徐亚女并不觉得疲惫，神采奕奕地与其他岗位的志愿者分享服务心得，用行动践行着“助人的快乐能让岁月生辉”的格言。

儿子上小学时，徐亚女就开始在香港北区的学校里担任义工。她希望在言传身教中为儿子树立榜样。“那时身边很多义工都是跨境学童家长，在家长里短、天南海北的闲聊中，大家相互帮忙。”

2024 年，她通过同乡会得知福田街道要成立服务队后，便立刻报名，并凭借在香港丰富的义工经验且熟悉两地人文，被推选为港人志愿服务队队长。在她的号召下，身边不少朋友都加入了港人志愿服务队。“他们都想奉献力量，成为深港两地沟通的桥梁。”

“微服务”背后的“大融合”

徐亚女在香港生活了 60 多年，习惯用粤语和英语与人交流。对她来说，伴随着大半年在深圳做志愿服务而来的，是普通话水平的突飞猛进和对内地发展的更深了解。“语言沟通顺畅，是港人融入内地生活的表现之一。”

在徐亚女看来，随着粤港澳大湾区建设的深入推进，内地和香港融合发展按下加速键，越来越多深港居民开始了“双向奔赴”的跨城生活。“我身边有些朋友选择退休之后到大湾区内地城市养老，甚至有些早年移居国外生活的港人如今也拖家带口搬回内地。”

“他们同时也将港人积极参与公益、热心志愿服务的好传统带到更多地方。”徐亚女说，她希望发挥语言和经验等方面优势，在香港和大湾区内地城市不断融合过程中，提供力所能及的服务。

更令她感到欣慰的是，自己在深圳的志愿者经历，竟无意间成了儿子

2025 年 4 月 8 日，港人志愿服务队队员在福田口岸合影。新华社发（龙镜伊摄）

在内地创业的“引路石”。

徐亚女做义工时，常与其他内地志愿者交流大湾区的发展近况。当她把这些见闻讲给家人听时，让一直以来热爱武术的儿子萌生了在深圳开设武馆的想法。

“现在越来越多内地家长重视传统文化教育。”在徐亚女的儿子看来，大湾区人口多、市场大，创业潜力巨大。

徐亚女说，自己做义工是帮助别人，现在感觉也在帮自己的孩子圆梦。“看着越来越多的香港年轻人去大湾区追梦，我这个做妈妈的，当然要为他们搭好这座桥。”

跨越山海的“爱心桥”

大多港人志愿者和徐亚女一样居住于香港，但他们不怕麻烦、热心公益，为来往通关的两地旅客提供多种便民服务。

“深圳与香港山水相连、人缘相亲。每次在群里发布志愿服务信息，港人志愿者们都踊跃报名参与。”口岸志愿服务队队长吴志新感谢港人志愿者的热心。

“常常一条招募信息发出去不到几分钟，人数就满了。”吴志新说，香港义工培训有严谨专业和完整规范的系统，特别是在对长者和弱势群体的服务方面，值得深圳借鉴和学习。

为了发挥港人志愿服务队所长，深圳福田街道专门为港人志愿者开辟了新的服务阵地——前往广西偏远山区开展援助长者的志愿行动。

一路上，他们帮扶独居老人，照顾留守儿童。有志愿者向吴志新表示，希望有一天也能带着广西山区的老人和孩子去香港，感受这座城市的温度，看看更广阔的世界。

2025 年 3 月 28 日，这是位于深圳市福田口岸的“志愿深圳”服务站点。新华社发（谭佳铭摄）

夜幕降临，福田口岸依然灯火通明，望着川流不息的身影，吴志新不禁感慨：“港人志愿服务队队员们用点滴付出，筑就了一座跨越山海的‘爱心桥’。”

这座桥在见证更多“双向奔赴”故事的同时，也写下了内地与香港不断融合的生动注脚。

（郭辛、白瑜）

09 “百姓客厅”连着党心和民心

从河南固始县来到深圳宝安区探亲，66 岁的退休工人李文俊最爱去亲戚家所在的东塘社区党群服务中心“百姓客厅”。坐在敞亮的大厅里看书、下棋，他悠然自得：“是客人，却更像主人！”

管理人口 565 万、外来人口超九成，作为深圳市面积最大、人口最多、社区最多的区，2024 年 6 月以来，宝安区以打造“百姓客厅”为理念，通过空间“破界”、办公面积“让步”、办事窗口优化、服务功能扩大等方面改造，将党群服务中心打造成群众愿意来、喜欢来、经常来的“第二个家”。

空间升级：从“中心”到“心中”

党群服务中心一头连着党心，一头连着民心，为党员和群众提供便利化服务。

与许多城区一样，自 2017 年深圳出台《关于推进城市基层党建“标准+”模式的意见》后，宝安区在全市率先构建“1 + 10 + 124”党群服务体系，即1个区党群服务中心、10个街道党群服务中心、124个社区党群服务中心和小区、园区、企业、商圈等党群服务中心。截至2024年11月，宝安区共建成各级各类党群服务阵地568个。

“标识统一、服务规范，阵地建设的标准化释放了暖心组织力，但群众在体验中仍然存在距离感。”宝安区委组织部相关负责人说，在党群服务需求调研中，群众反馈最多的是功能区划分不清、服务体验不佳、居民参与度低。

群众的心声，就是工作的着力点。2024年6月，宝安区以阵地亲民、服务亲民、氛围亲民“三个亲民”为标准，强力推进党群服务中心亲民化改造。

按照“服务面积最大化、办公面积最小化”要求，宝安区党群服务中心一律摘除办公门牌、一律下墙工作制度、一律下架宣传标语，最大限度腾退办公面积，同时普遍设置健身器材、儿童游戏设施、饮水机、血压仪等便民设施，并根据辖区特色打造社区历史文化墙、创意墙绘等。

如今，在固戍社区党群服务中心，原本用来办公的三楼全部改造成自习室、阅读室、活动室等服务群众区域，办公面积从53%精减至22%；在利锦社区党群服务中心，社区统筹利用周边社区公园等场地和资源，扩大了服务区域，增加了服务内容……

短短几个月，宝安全区党群服务中心硬件焕新升级。

“中心还是那个中心，感受已不是那个感受。”固戍社区负责人，空间升级有力推动党群服务从“中心”走进群众“心中”。

服务升级:“来了还想来”

“现在儿子放学后，我就带他来党群服务中心‘百姓客厅’与小伙伴们一起看书、做游戏。”租住在宝安区新宝花园小区的广西人兰梦说。

记者在后亭社区党群服务中心门口见到兰梦时，她正带着女儿在修葺一新的微型公园休憩，而儿子在室内玩耍，两个孩子和她一起在等待打工的丈夫下班回家。“以前，这个公园连个歇脚的地方也没有，党群服务中心进门就是办公场所，不想进，也不愿进，只能带孩子去商场转悠。”她说。

改造升级的后亭社区党群服务中心，四个办公位偏隅一角，更大的空间则留给了孩子。再往楼上走，配备齐全的舞蹈室、健身房、活动室、自习室等，迎来不同年龄、不同需求的居民。

“我们还建立了社区‘达人库’，招募‘文艺达人’‘专业达人’等30多名，制定活动课程，定期开展非遗手工、舞蹈等课程，使党群服务中心成为周边年轻人的聚集区。”后亭社区党委书记陈健烽说。

提升“硬件”实现阵地亲民，完善“软件”才能真正做到服务亲民。

空间升级后，宝安区探索推行党群服务中心“政府+公益+商业”服务模式，通过以空间换服务、以空间链接资源，引入公益性社会企业、社会组织、创业团队进驻，向群众提供康养、托幼、助餐等公益性、规范化、可持续服务项目，进一步扩展党群服务范围和优化服务品质。

走进东塘社区党群服务中心一楼大厅，咖啡香味扑鼻而来，通顶书柜琳琅满目，原木色系的装潢温馨有爱，松弛感由内至外。“手冲一杯咖啡，再加一个蛋糕、一本书，就可以打发整个下午。”沙三社区居民程雪冰每天下午准时来这里“做客”。

记者走访宝安区多个党群服务中心看到，改造后的中心颜值高、服务全、内涵丰富，不少群众表示“来了还想来”。初步统计，相比改造前，宝安区党群服务中心周均人流量普遍翻番，有的人气指数增长7倍以上。

“党群服务中心是便民服务的‘前沿阵地’，空间升级是基础，服务升级才能亲民、乐民。”东塘社区负责人说，只有找准群众需求，创新服务模式，夯实服务内容，才能多维度延伸服务触角，让党心与民心紧密相连。

关系升级："有事商量着办"

固戍社区海滨新村一楼栋装修完毕后，业主以工程质量不达标等为由拒付拖欠工钱，与工人发生纠纷，社区党委通过多次组织双方进行调解和现场查看，最终妥善解决。

宝安区是人口大区，也是经济大区，类似这样的矛盾纠纷不少。今年以来，借助党群服务中心这一阵地，宝安区共化解各类矛盾纠纷 18576 宗，其中人民调解受理 18042 宗，成功率 99.66%。

化解矛盾纠纷如此，解决民生痛点亦是。东塘社区党群服务中心接到彭女士反映，围仔小区路灯损坏影响行人安全。结合“为民办实事”专项行动，该中心协调相关方购置 30 盏路灯更换。

一件小事暖人心，百件小事聚民意。

在党群服务中心改造过程中，宝安区坚持“百姓客厅百姓用”理念，围绕共建共治共享思路，培养自我管理、自我服务、自我教育和自我监督的能力，引导社区居民“没事常来坐坐，有事商量着办”。

打通服务“脉络”，才能拉长治理“半径”。听民意、促疏解，首要解决的是敞开大门、汇聚人气问题。在党群服务中心改造中，宝安区因地制宜从细处着手、从实处着力，不断为辖区百姓幸福“加码”。

龙珠社区党群服务中心，辖区居民正以市场价 2 折的优惠参加绘画、书法、生活美学、传统非遗、艺术疗愈、艺术讲座等公益课程；

沙井社区党群服务中心，合唱队、非洲鼓队、民族舞队、尤克里里队等50余支居民文艺队伍，活跃在各个小区群众周围；

福中福社区党群服务中心，外卖和快递小哥凭有效证件享受到“10元管饱、15元吃好”的惠民套餐；

朗下社区党群服务中心，居民通过参加志愿活动获得积分后，在自助售卖机换取饮料；

……

阵地走心，才能换群众暖心。“‘百姓客厅’彰显全心全意为人民服务的可贵理念，通过亲民化的服务，让群众有一种宾至如归的感觉。”宝安区组织部负责人说。

（周科）